叛逆反骨也不怕

淡定教養5招

素質教養權威 王擎天 著

度過青春期，孩子更能展翅高飛

家有青少年的父母，當孩子邁向青春期時，心中常會有失落感；孩子年幼時像個「前世情人」，天天纏著你、睡前熱情討親親和抱抱，還經常對大人說：「媽媽，我愛妳！」進入國中後，卻儼然成為「最熟悉的陌生人」，開始會不耐煩地說出「你們大人什麼都不懂啦！」、「機車欸！」、「這是我的隱私！」、「那又怎樣！」等話語，有時甚至一句話也不說，只以甩門或沉默做回應。

為人父母後，我也曾與青春期的兒子有過怒目相視的衝突，曾經我以為那只是孩子不夠懂事的叛逆行為；然而，陪著孩子逐步成長後，我才明白親子遇到衝突時，並非單方面的問題，家長應該和孩子共同學習，並找到彼此體諒、互相溝通的管道。

青春期教養最常遇到的問題是，如何與情緒起伏不定的孩子和諧相處？如何提升孩子的學習動機、建立自律能力？如何支持孩子追尋益友、培養健康的兩性關係？如何維繫青春期親子關係，建立良好的溝通模式？如何培養孩子的抗壓性、規劃未來的生涯？針對父母在教養青春期孩子時面臨的共同困擾，本書將帶領家長深度解讀青春期，並具體提供教養對策，幫助親子關係破冰。

親子間產生最大、最多衝突的階段，通常是在青春期，這個時期對孩子而言，家庭成員和同儕之間的影響很大，孩子的思想變得較為複雜，情感也變得比較封閉，因此家長常常猜不透孩子的想法和行為上的改變；故我以豐富教養和教學經驗出發，從書裡的各個案例中，解析青少年種種令父母不安、疑惑、甚至感到傷害的行為。目的是希望，家有青春期孩子的父母能以正向態度與有效的溝通模式，迎接孩子人生中最重要的階段。

許多父母都忘了自己曾經是青少年，也許是因為記憶久遠，或者是時代情境早已變遷，面對邁入青春期的兒女常有不知所措的感覺。而本書不僅適合擁有青春期孩子的父母解決教養難題，家中孩子仍處於國小中年級以下的父母，應要提早做準備，因為現代的孩子在個性和行為表現上都較為早熟，父母更應為日後的親子互動模式儲存愛的養分。

內容上，針對「自我概念」、「生涯規劃」、「學習動機」、「同儕關係」與「性向教育」等議題，將之化作案例探討，並提出教養策略，期許父母學習做個「轉型父母」，同時提醒普天下的父母，親子關係有賴雙方共同營造，若親子都能試著跳脫自己的角度，了解彼此的生命歷程，互相關懷與支持，即使青春囧途崎嶇難行，善用愛與智慧，仍能成就親子做最美好的自己。父母和青春期孩子的心聲都需要被了解，尤其青少年那些看似反骨、極端的行為背後，往往有著隱而未見的徬徨和恐懼。只要父母願意多花些時間與心思去理解青少年的行為語言，用心陪伴、時常保持情感的互動，想要順暢的親子Talk並不難！

素質教養權威　王擎天

目錄

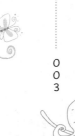

Part 3

不要凡事管太多！用了解體諒代替權威禁止

Part 4

要隨時把愛說出來！拉近親子距離不疏離

Part 5

要保持正向思考！面對教養難題以奇招致勝

Part 1

不要太熱血！
讓孩子為自己的人生負責

Let Go Of Your Hold

‧教養point‧ 家有青少年的父母必須要練習「忍功」，孩子漸漸長大後，引導孩子面對挫折和壓力，但要忍耐不過度干涉或插手孩子的決定，才能讓孩子真正走向獨立，並學會承擔失敗和克服困難。此外，家長不應將自己的期待加諸在孩子身上，而要學習放手讓孩子探索生涯，因為他必須為自己的人生負責。

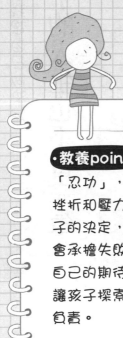

聽我的準沒錯 × 我想自己做決定

就算選錯，孩子的人生也不會完蛋

孩子在做選擇時，通常分爲兩種：一種是眞的知道自己要什麼；另一種是孩子爲了滿足大人的喜好，而做出的選擇。

爸爸和家中兒女生存的年代不同，小時候家裡環境拮据，不僅童年沒有選擇零食和玩具的權利，甚至為了早日出外工作貼補家用，放棄之後的升學機會；為人父後，便希望能多給予孩子們自我選擇的機會，但兩個孩子從小在「做選擇」這件事上，反應截然不同。

哥哥很果決，如果給他選擇玩具的機會，他總是挑包裝最華麗、價格最昂貴、品質最好的玩具；妹妹挑玩具的態度則很猶豫，她總是花很多時間比價，選擇價格較實惠的打折商品。因此，爸爸以為哥哥很懂得自己真正想要什麼，而妹妹很懂事、體貼。

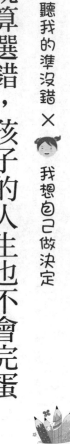

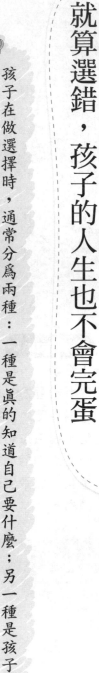

如今，兄妹倆已經是高中生，某一次全家吃晚餐時，妹妹聊起過去一件往事，爸爸和媽媽才知道一直以來都誤會孩子們了。

當時爸媽帶著就讀國中的哥哥和小學的妹妹，全家到迪士尼樂園遊玩，回程時，爸媽答應讓兄妹倆在迪士尼的商店挑一個玩具。

妹妹默默比較了一下商品的價格，挑了一百多元的鑰匙圈；而哥哥則興奮地在店裡東張西望，很快地掃視後，將目光停在包裝精美的大盒子上，最後決定抱走一個八百元的毛怪玩偶。

媽媽拿著孩子們選定後的商品排隊結帳時，哥哥卻看見店員從倉庫拿出要價三千元的限量版玩偶。

「我要改買這一個！」哥哥立刻吵著要換。

看到兒子一心只會選最貴的玩具，媽媽忍不住動怒，並懲罰兒子不能買；爸爸聞到母子的火藥味，立刻出面緩頰，他要求兒子必須做出選擇，不可以再任意更換，這才讓兄妹倆帶著自己選中的玩具回家。

事隔多年後，妹妹對這件事耿耿於懷。

「我當時一選完就後悔了，可是你們都稱讚我的行為、譴責哥哥，所以我話到嘴邊又忍不住吞回去。其實我小時候很羨慕哥哥能得到想要的東西，雖然他可能不惜大哭大鬧，甚至想盡辦法說服你們，但通常都能達到目的。」

就如妹妹所說，哥哥總是選擇他認為最好的東西，並努力爭取。正值高三的他，想出國攻讀戲劇科系，他對演戲充滿熱情，曾參加過校內和校外的話劇團，也參與過不少演員甄選，並曾獲得校際盃的戲劇大獎。然而，他的在校成績位於中間值，並不出色，卻打算申請美國排名最頂尖的前五所表演藝術科系大學。

學校老師建議他選擇門檻較低的學校；爸爸也勸他選擇符合程度的學校，但是哥哥說：「爸爸，您讓我出國讀書要花那麼多錢，如果不能選最好的學校就讀，我何不在國內拿文憑就好！」

在校成績並非唯一的評分標準，表演的相關經歷對甄選反而更有利，所以，哥哥憑藉豐富的演出經驗以及對戲劇的熱情，順利被錄取了。哥哥能往立定的目標前進，也讓爸媽放下心中大石，而正在就讀高一的妹妹，雖還未面臨生涯抉擇，卻在某一天丟下一顆震撼彈！

「我要休學！」

從小溫柔體貼、善解人意、選擇果斷，從不讓父母操煩擔心，且人生看似一帆風順的妹妹，在高中時面臨很大的生涯困惑。高一上學期才剛結束，她便提出休學。

妹妹原本是明星國中的資優生，雖然家中沒有給予太大的學業壓力，但在升學率高的校園中，不時瀰漫「只有前三志願才是好學校」的價值觀，而妹妹當時沒有考上前三志願，這個挫敗讓她對自己很沒自信、對學習也產生懷疑。

妹妹想休學的念頭帶給家中二老極大震撼，但他們盡量保持鎮定，並要求女兒給他們一點時間想想。夫妻倆到公園散步，討論該不該同意讓女兒休學，雖然希望她能完成基本學業，但也許她對未來有更重要的想法要實現；經過討論後，他們達成了共識，並向女兒說明自己的想法：第一，她必須先規劃休學後的學習與生活；第二，把高一下學期的學業完成後再考慮休學。

高一下學期開學後，妹妹非常積極地為休學生活做準備。她每天早起做英文聽力測驗，然後到校開啟一整天的學習，放學後，她大量閱讀各種課外書，並試著寫作，也針對感興趣的物理課程補習加強；雖然她早已向全世界宣布休學，但她每天到學校積極學習，漸漸對高中的課程產生興趣，原本堅決要休學的她，已改變了當初的想法。

妹妹留下一封信在爸媽房間，信裡提到她已經放棄了休學的念頭，其實她只是在鬧情緒，覺得自己考的高中不甚理想，對之後的前途也感到迷惘；經過一段時間的沉澱思考後，她發現自己並不討厭高中的學習課程，只是一時難以接受考不上前三志願的事實。

未來她想選讀物理系，班上的朋友和老師也都從旁鼓勵她，而為了順利進入理想大學的物理科系，妹妹決定努力完成高中學業。想通這一點之後，她更加確立目標為何，也不再感到茫然困擾。

幫助一對兒女找到未來的興趣，爸媽感到欣慰之餘，也鬆了一口氣，他們和多數父母一樣，都希望孩子出類拔萃、一帆風順；但也明白孩子應有自主權，無論學業優秀與否、是否能依照自己的興趣開創未來，父母都應該了解，生活往往是如此蜿蜒曲折，就算孩子遭遇撞牆期或一時做了錯誤的決定，人生也不會因此毀掉，反而應該慶幸孩子能有學習克服逆境的機會。

練習選擇，引導孩子三思而後行

許多父母的童年都是在拮据的環境下成長，加上家中的兄弟姐妹眾多，所以能夠選擇的機會少之又少，就算有選擇的機會，也習慣凡事順從大人的心意。然而，環境的變遷和少子化的緣故，現代父母除能給孩子衣食無虞的家庭環境，也漸漸重視並呵護孩子的每個選擇，陪伴孩子做生活中的大小決定。

物品的選擇權該怎麼給？

故事中的兄妹，得到父母的許可選擇玩具，但哥哥挑的是價格高昂的玩具，妹妹則顧慮父母的荷包，做出平價的選擇，乍看之下，妹妹比較懂事，但其實兩人的選擇都不是從自己的喜好出發，而是以價格來作為選擇的依據。

現代父母較容易犯的錯是，雖然給予孩子自由選擇的權利，卻不懂得引導孩子做選擇，反而帶來溺愛過度和孩子非要不可的反效果。以下提供幾項練習選擇權的方法，協助讀者引導孩子學著做決定。

1. **建立選擇的概念：**為了避免孩子需索無度，或是沒有金錢的概念而胡亂選擇，家長應該先訂立購買的金額範圍，讓孩子在購買前學習看標價，並在心裡盤算、比較出自己的喜好。
2. **選擇真正想要的：**孩子和大人一樣，可能會受到旁人的鼓吹而衝動購買，也可能考慮到不想增加爸媽的花費負擔，而選擇較便宜的商品；家長可以詢問孩子為什麼想買，協助他們思考，並給予孩子做決定的空間。避免說出「我覺得這個比較好看！」、「買這個好了！」等剝奪孩子自主選擇的話語。

3 按需求選擇：孩子漸漸長大後，父母不只會給孩子玩具的選擇權，衣服、鞋子、包包和其他與孩子相關的物品都包含在內，購買前，可以先要求孩子想想自己的需求為何；家長的態度不需要太過苛刻嚴厲，並試著提供思考的方向，如玩具，可考慮是否堅固、不易一下子就玩膩，但若是服飾，可以教孩子重視材質的舒適性、穿著場合的實用性和價格等，協助他選出符合需求的物品，而非完全放任挑選或諸多干涉。

把人生的選擇權交還給孩子，讓他為自己做主

雖然孩子從小開始就有許多選擇的機會，但小時候的選擇很單純，不外乎是來自生活周遭的瑣事，如選玩具、買果汁等；但到國中或高中，便開始面臨生涯的初步選擇，此時的孩子已能了解自己的能力、興趣、性格和價值觀，並透過與師長、家人和朋友的討論或正式課程的學習，逐漸規劃出對未來生涯的雛形和嚮往。未來有許多可能性等著孩子去開創，「探索自我」與「生涯選擇」也成為家庭必須思考與討論的議題；陪孩子找到真正的志趣，也成為父母必修的課題。

陪孩子面對生涯選擇題

面對生涯的選擇時，父母常有「我吃過的鹽比你走過的路還多」的想法，認為選填志願和科系僅是依照分數高低，不重視孩子的自我探索，因此當孩子有任何藍圖或想法時，很容易就被潑冷水。

故事中，哥哥的性格常被認為是好高騖遠、不切實際，師長和父親也考量他的程度，勸他選擇適合自己能力的學校，但現代的教育制度正逐漸開放，並重視多元發展，學業成績不再是唯一評分標準；如果家庭的教育和教養裡，沒有幫助孩子建立多元學習的概念，一切只以成績為出發點，反而容易使孩子陷入不知該如何選擇，或選擇狹隘的困境。

何況，身為父母有什麼理由阻斷孩子對未來的想像？即使追求的目標超過能力所及，何不讓他嘗試，失敗了再想辦法克服，可貴的是他願意為此努力，為自己的選擇負責，並承擔後果，而不是當個凡事沒主見、沒有想法的人。

比起目標明確的哥哥，文中的妹妹，對於生涯規劃較為迷惘，加上考試失利，所以她興起逃避學習的念頭，甚至提出休學。

一般父母都不太能接受兒女休學，但家長應忍下怒火和憂愁，避免脫口說出「不准」、「不可以」或「不行」，直接對孩子說不，不僅無法解決問題，也會使處於敏感時期的青少年變得更鑽牛角尖，甚至引起親子衝突。

當親子持有不同看法或意見時，不要急著反駁孩子，依照以下步驟，找出背後的原因，才能化解癥結。

❶ **聽他（她）怎麼說：**與孩子聊聊想要休學的原因是什麼？如果孩子坦承不滿意考上的學校，切勿加以苛責，先讓孩子了解雖然學校是以分數高低分發，卻沒有太大的優劣之分，其學習成果完全取決於個人努力。

❷ **問他（她）怎麼做：**孩子的決定可能是衝動而為，也可能已深思多日，家長可以詢問休學後的打算？若孩子對休學生活沒有規劃，表示他可能只是想逃避，此時可以建議他先想想下一步要怎麼走，如果孩子真的難以適應高中生活，想要鍛鍊技術或一技之長，轉讀職業學校也許更適合他；若孩子已有完善的休學規劃，父母也應給予他們適當的時間和空間來執行，以觀察孩子的決心。

傾聽內在的聲音，選擇實現夢想

無論是家長或正值生涯選擇的青少年，都應了解選擇無好壞優劣之分，就算失敗、走錯路，也都是人生中的磨練，而這些經歷能幫助自己找到最適合的未來道路。

知名作家侯文詠自小就對寫作十分有興趣，小學曾創辦班上刊物和投稿；然而，在白色恐怖的陰影下，創作皆受到管制，所以當時的臺灣社會並不認為作家是「有前途」的職業。

侯文詠的學業成績優異，卻不忘情寫作，此舉曾遭受高中老師的責備，並對他說：「你這麼聰明，為什麼不做點更有用的事情？」在父母、師長的壓力下，他只能暫時放下寫作，全心全意準備大學聯考，最終錄取臺北醫學院醫學系。

大學時期的侯文詠非常愛看電影，曾一度想輟學去當導演，但因家人反對而作罷。畢業後進入臺大醫院實習；度過實習生涯後，他選擇了麻醉科，並持續寫作，之後也晉升為主治醫師。這段期間，侯文詠仍不斷推出新作，他的作品也都是榜上有名的暢銷書，足見他在文學上的才華和熱愛。

後來，身為牙醫的妻子，支持侯文詠全心寫作，他便辭退了醫院及教學的工作，專心於文學創作，並寫出更多膾炙人口的作品。

轉換到寫作的跑道上，看似將努力成為醫師的心血白白浪費，但他有許多作品是以醫院為背景的創作，如果沒有相關經歷，如何能寫出寫實且深入人心的作品呢？而這類創作更被改編成電視劇並屢獲肯定，可見他的每一分經歷都是難能可貴，其所累積的經驗也幫助他實現成為作家的夢想。

面對生命的轉換和抉擇，他也曾徬徨和害怕，但他知道當醫生無法滿足內心對寫作的渴望，努力克服萬難後，便成了現在的暢銷作家。

也許大多數的父母都不能理解，為什麼要放著高薪穩定的醫生不做，偏要跑去當作家？或是有更多的父母努力栽培孩子，一心想要孩子照著自己的期望前進；其實，父母真正能做的是，培養孩子擁有健康的體魄，不必受病痛折磨；有堅強的意志，不會輕易被困難擊倒；有分析問題的頭腦，不會凡事束手無策；有感受生命的心靈，不會錯過這世界的種種美好，最終才會找到適合自己的生涯道路。

即使選錯，未來也不會毀了

青少年初次遇到生涯選擇，未必能做出真正適合他的決定，但父母仍不應輕易撲滅孩子的想法，也不要幫孩子拿主意，或認為他應該做些什麼，畢竟人生中有那麼多抉擇的時刻，無法保證每次都準確無誤。

孩子能夠確立人生目標後就從一而終，當然是樁美事，但就算選錯，人生也絕對不會因此毀掉，如文中的哥哥雖然以演戲為興趣，也視作未來的目標，但若最終不幸無法順利成為演員而轉換跑道，他仍須為自己的選擇負責，承擔可能會失敗的後果，或是找到其他志趣，在其他領域發光發熱；而妹妹雖然以物理系為目標，但若之後發現力有未逮而必須捨棄；至少她忠於當初的選擇，並勇於追尋，即使必須退而求其次，也不會因此就前途盡毀，無論如何，生活中遇到的任何經歷都將帶領他們找到更適合自己的路。

就算最終的選擇與過去的經歷無關，孩子仍能透過不同時期的鍛鍊，培養更廣闊的視野，並因此和別人不一樣，做最獨一無二的自己。

教養現場朵朵小語

在生涯道路上的每一個抉擇都是個未知數，蘊藏著一敗塗地的風險。若沒有克服風險的自信和勇氣，便永遠不敢為自己做決定，也永遠不能成事；欠缺自信和勇氣，猶如漂浮在滄海的枯木，只能漫無目的的任由風吹浪打、隨波逐流，找不到自我和人生方向。

你那是什麼鬼樣子 ✕ 我覺得這樣很好看

在意孩子的外表，不如關心他的內在

當孩子改變頭髮的顏色、在耳朵穿洞或是在皮膚上刺青，也許是爲了追求潮流，也許是爲了好玩或其他原因，但那絕對不是變壞的象徵。

昱婷不愛讀書，在父母眼中是個叛逆無法管教的孩子，正值國三的她，就把頭髮染成藍粉漸層的顏色，還在耳朵、鼻子和嘴唇穿洞，穿著也十分特立獨行，雙方已經為了打扮問題而多次爭執，甚至讓昱婷憤而逃家，令家長十分頭痛。

導師曾建議昱婷的父母陪同孩子到輔導室接受親子諮商，但媽媽是個愛面子的人，不希望家醜外揚，所以遲遲不答應，直到昱婷又再次逃家，並住進網友家裡，被網友的家長發現，才聯絡昱婷的家人帶回。

回家後，爸媽便連珠炮般地責備昱婷。

「整天不好好讀書還逃家，把頭髮染得亂七八糟，妳看妳那什麼鬼樣子！」

昱婷不等爸媽說完，便快步走回房間，狠狠甩上房門，將父母的謾罵聲隔絕在房間之外。

隔天早上，媽媽想找導師聊聊昱婷的情況，便和女兒一起到學校，路上兩個人一言不發，宛如陌生人。到達班級後，昱婷一臉冷漠地走進教室，媽媽看到導師後，則劈頭抱怨女兒的髮色和擦得五顏六色的指甲，並認定昱婷交了壞朋友，希望老師能多注意。

導師認為昱婷除了不太專心課業，比較注重外表裝扮外，與老師、同學間的互動良好，而她雖然努力想幫助母女二人破冰，但因長期溝通不良，於是又再度建議昱婷的媽媽尋求親子諮商的協助，媽媽嘆了一口氣，不再堅持。

預約諮商當天，昱婷又和媽媽吵了一架。昱婷是個對穿搭和裝扮很有想法的孩子，出門前，總是要認真搭配身上的服裝、飾品和妝容；這天她穿著鉚釘襯衫搭配黑色緊身褲和厚底鞋，並戴上瞳孔放大片，將雙眼的睫毛刷得又翹又長，還畫了眼線，臉上也仔細刷勻粉底和腮紅；雙手更有著繽紛色彩的指甲彩繪，而且每一片指甲都有不同的設計。

「妳為什麼不能穿得像個正常國中生！打扮得怪模怪樣，讓人看了就不舒服！」媽媽非常受不了女兒的龐克裝扮。

「妳不懂就不要亂說！我覺得穿這樣很好看！」昱婷生氣反駁。

爭吵過後，兩人又再度陷入沉默冷戰，並一路走到親子諮詢室。

輔導老師一看到昱婷的裝扮，就稱讚她：「妳好有型！」

昱婷放下戒心，有點害羞地笑了笑，並跟著展示她自己設計的指甲彩繪，每一片指甲都是精緻且別出心裁的設計，老師不禁讚美她的天分和才華。

聽到老師的讚嘆，媽媽不以為意地說：「什麼天分？我看是天生的蠢才，整天不讀書，把心思都花在這些沒有用的東西上！」

輔導老師進一步了解昱婷的家庭狀況後發現，昱婷在家排行老么，前面的兄姐都依照父母的期待，分別就讀公立高中和國立大學，只有國中的昱婷，不僅討厭讀書，成績一落千丈，還常常頂撞父母，甚至逃家、逃學，著實令爸媽頭痛不已。

長期輔導青少年問題的老師站在昱婷的立場，告訴媽媽：「現在的時代與以前不同，在文化多元的環境下，未必要很會讀書才有前途，像昱婷這樣有特殊才華的孩子，只要有人好好輔導，未來也能有自己的一片天。」

然而，要改變媽媽傳統、固有的想法是很困難的，她只想要孩子聽話，有良好的成績和表現，讓他們在親友面前能揚眉吐氣，就算成績不好，也要安分守己，不要學那些壞孩子一樣，把心思花在梳妝打扮之上。

「青少年或多或少都想追求潮流，在我們那個年代，何嘗不是對寬大的喇叭褲和半屏山的髮型著迷不已。與其在意她的外表，不如說說您對昱婷未來的期望，並讓她知道該怎麼做，您才能安心讓她做自己想做的事？」輔導老師希望能引導媽媽重視孩子的內心世界，而不是外在。

「每天乖乖上下課，別再逃家和逃學，把國中讀完後，就算上不了一般公立的高中，至少也讀間像樣的公立高職。」媽媽直率地表明。

了解媽媽的立場和想法後，老師支開媽媽，打算單獨和昱婷談話。擁有多年諮商經驗的他了解要改變父母成績至上的想法很難，但昱婷仍能為自己開創一個美好的未來，並學習調整自己的態度和腳步，實現理想。

輔導室中，只剩下昱婷和老師。

「媽媽的期待看似很簡單，其實她只是表面上這樣說，即使我做到媽媽的要求，她還是會有一堆意見，對我沒完沒了地嘮叨和囉嗦。」昱婷直言不諱。

「無論如何，妳應該給自己一次機會，證明自己是對的。」老師藉此鼓勵昱婷。

聽著昱婷暢談未來的夢想，說她想成為專業的美妝師，並開設自己的工作室。昱婷的口吻非常堅定，她十分看重自己的夢想，不管別人的看法，她認為夢想只屬於她個人，其他人的意見都只是參考，因此才會經常和爸媽發生爭執。

「國中畢業後，妳可以選讀相關科系的學校，一步步朝夢想前進。」老師適時提出建議。

「我討厭課本和教科書，也恨死了考試！」

「沒有人喜歡讀書考試，但這能增進妳的專業知識，幫助妳的夢想實現，不經一番努力，如何能有收穫呢？」

昱婷沒有被說服，因為她覺得要成為專業的美妝師和讀書無關，她打算國中畢業後就去當學徒，如此一來還可以賺取收入，不需要向家裡伸手拿錢，也不用再看爸媽的臉色。

「無論妳去當學徒或是選擇升學，的確都有機會成為美妝師，但在美容中心當學徒要一邊工作一邊學習，如果工作繁重，難保妳會有足夠的時間涉獵相關學識，加上現在的妳毫無經驗，擁有基本的學歷和資格是很重要的。」

除了認清未來的路，老師也告訴昱婷，媽媽都想把自認最好的愛給孩子，卻很少思考這是不是她所需要或喜歡的。他希望昱婷了解，就算父母沒有用對方法愛她，但親情是這世界上難得的溫情，不要因為彼此有著不同的成長背景和想法，就否認對方的一切。

昱婷反覆思考諮商師的話，並將其建議聽進去，她國中畢業後，進入了一所私立高職，學校提供她很多資源和機會，爸媽卻一直扮演澆冷水和嘲諷的角色。

爸媽無法認同昱婷選擇就讀私立高職，不斷批評那是間三流的學校，裡面都是一群三流的師生，也很瞧不起她在學校的各項表現，認為她在美妝上的許多創意，都是不入流的伎倆，對前途一點幫助也沒有。面對種種負面批評，昱婷已經不像以前一樣劇烈反駁，雖然她可以選擇繼續和父母抗爭，但她想暫時忍耐眼前所有的誤解和寂寞，用時間和努力證明自己。

昱婷雖然沒有與爸媽再起激烈爭執，但當爸媽不斷批評自己的學校和興趣時，她也不免覺得難受，甚至心想：「如果可以選擇父母，該有多好！」她不知道爸媽何時才懂得欣賞自己，畢竟未來的路還很長，她很希望能得到家人的肯定與支持。

提醒自己多包容，愛能在親子間流動

很多父母都會像昱婷的媽媽一樣，不懂得如何欣賞孩子，甚至以不認同的眼光看待孩子的穿著打扮和生涯選擇；其實，每個人對美的主觀想法不一，應該互相尊重彼此的意見，不該用嘲諷語氣說：「要是讀書有那麼認真就好了。」孩子的生涯道路也並非只有讀書這麼狹隘的選擇，應該放寬視野，慧眼獨具地賞識孩子的獨特之處。

大部分的孩子都認為別人的父母比較好，父母也常覺得別人家的孩子比較聽話。其實，家人雖然無法選擇，但是每個人一直都擁有最好的家人；只要親子間多一點包容，父母學習賞識孩子的獨特之處，孩子也能體諒父母望子成龍的心，自然就能減少分歧。

兩代審美觀的差異性

看著孩子成長，是一件愉快的事。但是孩子逐漸長大後，發展出與父母不同的思想觀念與事物喜好，常考驗著父母的應對，也讓父母感到痛苦。

孩子處於青春期時，注重打扮、妝點自己、購買服飾配件，其審美觀與父母大不相同。尤其看到孩子穿著過於暴露，或是過於奇特；全身掛滿配件與飾品；頭髮染得五顏六色，甚至在身體打了很多洞或者刺青，但即便父母想睜一隻眼閉一隻眼，心裡卻很難和自己過得去。

談到教養的問題，父母應常常回溯自己的成長歷程，這樣最容易同理孩子的想法，也是溝通的起點。

外表的打理和穿著的選擇，對孩子而言並不是需要經過父母同意的事情，而且青少年往往有欣賞崇拜的偶像明星，或是翻閱潮流雜誌的習慣，偶像明星或流行資訊容易引起孩子想要模仿的欲望，父母不用干涉太多，也不必過度聯想成這是孩子變壞的象徵；盡量給予尊重和包容，但仍可以適當地表達自己的意見。而父母表達意見時，可試著運用以下的技巧，以免孩子覺得刺耳難接受：

❶ **口氣不宜太主觀：**以染髮為例，家長表達意見不應太過強調自己的想法，如：「我覺得你染頭髮會很醜！」、「染髮是壞孩子會做的行為！」諸如此類的說法，只會讓青少年覺得被冒犯而反彈，若以孩子無法辯駁的說法，如：「染頭髮雖然好看，但染劑會讓頭皮受傷，髮質也容易損壞。」以此客觀角度來陳述事實，比主觀認定更能讓孩子信服。

❷ **盡量取得共識：**父母表達意見後，別忘記主導權是孩子的，若孩子確實了解染髮對頭皮的害處後，仍堅持己見，那麼就不應強行禁止。當孩子清楚染髮的底線是健康，那麼重點就不在於染或不染，而在於染髮的次數不宜太多，並要慎選染劑等。父母可與孩子約定並達成共識，如一年只染一次頭髮，對頭皮的傷害不大，是能夠准許的範圍。

染髮也許對家長而言還算小事，將頭髮剪掉或是染回原本的髮色，就能恢復原狀，但孩子若想要刺青、打洞，這些痕跡一旦烙印在皮膚上就無法輕易消除，故難以與孩子取得共識。

其實兩個世代的審美觀發生衝突時，最重要的是避免直接責備，或是表達不認同，應先了解孩子的想法，再從中解決，才是具有同理心的做法，多數青少年改變外表通常是為了趕流行或覺得好看，身為家長應先讓孩子充分明白這麼做的後果，使其了解一旦打洞和刺青後，即使後悔也很難洗去痕跡或復原；若擔心孩子只是一時衝動，也可以約定一個時間讓孩子多加考慮，倘若孩子在理解後果並思考後，還是想這麼做，家長也應秉持開放態度，不宜再多加干涉。

以上的做法能讓孩子感受到父母很願意分享並包容自己的審美觀和興趣，家長若能顧及孩子的感受並先詢問，而非主導孩子的想法，孩子會覺得受到尊重，明白你不是在反對他，他也就不需要為了爭取權利而反抗到底。

最重要的是，無論孩子的外在有何改變，他的內心世界仍需要被關懷和發掘，與其計較孩子的頭髮是什麼顏色、耳朵打了幾個洞，不如多注意他的內在吧！

創投天賦，讓孩子擁有璀璨人生

大部分的孩子不敢也不知道該如何為自己的未來做選擇，如果家中孩子像故事中的昱婷一樣清楚自己的未來要怎麼走，家長應該覺得驕傲。然而，即使現在的就學環境漸漸走向多元，但許多家長還是有萬般皆下品，唯有讀書高的迷思，成績不好的孩子，即使有其他才華可栽培和發展，也不易被家長重視，因此，挖掘孩子的才能並加以栽培，才能讓孩子擁有豐富的人生。

陪孩子找到興趣所在

擔心孩子走冤枉路或繞遠路，父母總是把「為你好」掛在嘴邊，但這有時會綁住了孩子，更可能成為負擔。讓孩子適性發展，父母學習放手不干預，是不可或缺的教養挑戰。

多數孩子都是在求學過程中，探索出自己的目標和興趣所在，並從中展現出未來的可能性，即使還不確定未來該走哪條路，但可以確定的是，每一條生涯道路都有其挑戰性，並非專心讀書，就能走出一條不需思考的康莊大道。

臺灣著名的導演魏德聖，不斷用他的熱血與堅持創造臺灣電影史，多年前以《海角七號》賣破五．三億元，稱霸臺灣國片票房，更開創臺灣電影新契機；後來更憑藉《賽德克．巴萊》勇奪第四十八屆金馬獎最佳劇情片。

但你知道嗎？這個一再創造出輝煌紀錄的電影導演，青春期卻是在懵懂中度過，一直到當兵時才找到自己一生的夢想與志業。

魏德聖曾於專訪中提到自己從小功課就不好，同學上課是在聽老師教什麼，而他是把老師的教課當成表演來看，老師有哪些習慣動作、口頭禪，他都觀察入微，還會模仿給同學看，對他而言，模仿表演帶給他一種成就感。

雖然不喜歡讀書，但魏德聖並不想辜負父母期望，他勉強讀完五專的電機科，便去服兵役，退伍後，魏德聖並不知道自己要做什麼，只知道自己對電機完全沒興趣，但看電影很快樂，單純地想在這個快樂裡找到一個職業方向。但是他從未接觸過電影行業，想要進入卻苦無人脈和管道，好不容易找到「接近」電影圈的臨時演員公司，卻只能跑腿買便當、協助製作道具和場景佈置；這樣的生活過了兩、三年，某次機緣下，他認識了楊德昌電影工作室人員，得以進入楊德昌電影工作室擔任助理。這個機會也為他日後從事電影工作奠定了良好基礎。

魏德聖雖然在學生時期就對表演產生興趣，但當時卻沒人能引導他朝目標邁進，他也曾感嘆臺灣的教育很難讓孩子更早探索興趣、了解專長，這是非常可惜的。因此，挖掘孩子的天賦在青春期顯得格外重要，以下五點即能幫助孩子面對並克服生涯探索的挑戰和阻礙。

1. **認識職業：**很多時候，孩子只能憑表面所見來認識職業，對於此職業必須具備的能力和需求並不能完全了解，家長若能帶領孩子詳細認識他所感興趣的領域，可協助他確立人生的方向。

2. **對興趣的投入程度：**低年級的孩子，應盡可能對各項事物多元且呈輻射狀地去嘗試和接觸。而青少年對各項事物有了基本概念後，若孩子想要進一步嘗試，就必須讓孩子為自己的興趣付出行動和時間。例如：孩子要求學音樂，老師每週教一小時，他勢必要再額外抽空不斷練習，才能真正獲得學習效能。如果孩子願意花費心力練習，表示他對興趣的投入和用心。此外，讓他思考興趣該如何精進？如何說服父母讓自己花錢學習？這樣的決策過程可以培養認真、負責的態度，孩子就不容易虎頭蛇尾。

3. **反覆探索：**若孩子選了一個你認為「吃力不討好」的興趣，父母不妨用問題引導孩子的真正想法，如「為什麼想這麼做？」、「是否有誰啟發了你？」、「追求的過程中會遇到那些困難和阻礙，你知道嗎？」孩子能夠因為你的提問而重新整理自己的想法，從不斷探索當中找出真正興趣，更重要的是，他願意面對選擇走這條路的後果。

4 專精又多元：千萬別以為生涯發展只是挖掘出孩子的單一興趣，任何領域都需要能整合專業內涵、靈活運用的能力。換句話說，想成為美妝師不能只懂得化妝技巧，還必須考量臉型、膚色、膚質和髮型等，才能化出適合的妝容；想成為專業導演也不能只懂得拍攝影片，必須同時運用演員的身體及情緒、視線的選擇、光線的調度、畫面的構成、剪接的邏輯和背景音樂的搭配，甚至要考究時代背景、服裝配飾等，才能將劇本完整呈現在螢幕之前。因此，興趣的發展必須兼顧專精且多元，以培養專業能力作為根基，再藉此拓展相關知識，才能穩固、扎實。

5 接納孩子選擇的人生：父母要懂得放下自己的面子、光環、價值觀，包括來自家族、親戚的外在壓力。不要將自己的期望加諸在孩子身上，並接受孩子選擇的人生方向，期許他做一個平凡，但是快樂、肯定自我價值的人。

用愛陪孩子走未來的每一步

父母對孩子的愛是無庸置疑的，但愛孩子的同時也要懂得用對方法，讓孩子明白他的夢想和父母的期待是相近的，只是管道不同，多去傾聽青少年的想法，便能了解孩子的叛逆和反抗的背後是渴望被關心和理解。

當孩子立定目標時，避免直接潑冷水或表示不滿，沒有人能夠預測未來的路適不適合自己，但是了解自己的能力、特性、人格特質、專長，比較能按照自己的條件，選擇一個適合自己且喜歡的未來。即使選錯了也沒關係，因為了解自己，即使選錯也會知道要如何調整，並從經驗中發揮自己的能力和特長。

親子之間也是不斷從相處中磨合，才會愈來愈了解彼此，意見相左時試著尋求折衷辦法，找到彼此的最大公約數；孩子慢慢就會體認，他跟父母親是可以協商、溝通的，這也是孩子日後與人相處很重要的態度。

教養現場朵朵小語

古往今來，人們的夢想往往死在「放棄」手上，毀在「嘲諷」腳下，被「困難」打敗，遭到「拖延」的溺斃。由於夢想無法一蹴可幾，所以，堅持自己的夢想，是一件極為不容易的事；夢想是一輩子的課題，必須不斷灌溉勇氣和行動力，才能持續茁壯不枯萎。

考不好以後就沒出息 × 沒考好我也很難過

考出受挫力，基測並非一試定終身

考試是對學習的檢驗，不是對人生的判決，從錯誤中學習，才是考試的意義；若將分數看得太重，反而會影響學習的熱情。

小剛是家裡的獨生子，也是父母唯一的心肝寶貝，自幼得到許多關愛，爸媽更是花費不少心力栽培兒子，讓小剛就讀學費昂貴的全美語幼稚園，還請了專門的家教到家裡教小剛拉小提琴。畢竟家裡只有一個孩子，父母的心血全都灌注到他的身上。

讓父母倍感欣慰的是，小剛從小就是個不需要大人操煩的孩子，無論是生活常規或是課業方面，他的學習力總是又好又快，不僅在校成績優秀，小提琴演奏也非常出色，每次檢定都是高分通過；小剛對自己的要求很高，做任何事必定全力以赴，是同學眼中的完美先生。他不只課業名列前茅，上美術課的時候，老師要求大家寫生，很多同學總是久坐不住、失去耐性，最後不是丟下畫筆到旁邊聊天玩鬧，要不就是亂畫一通草草了事，但小剛卻耐著性子，仔細描繪景物；家政課學習縫製零錢包，小剛也要求自己一針一線縫得工整仔細，如果不小心漏了針，多數同學都會將錯就錯，覺得稍微影響外觀沒關係，但小剛寧可將縫線全部拆掉重新縫製。小剛已經多次當選班上的模範生，他執著且務求完美的個性，總讓大家心服口服。

表現出色的小剛，其實看起來和一般男生沒有什麼不同，他上課認真守規矩，下了課也和大家一起打球，假日也會和朋友相約吃飯、看電影；在班上，老師時常請他擔任小老師幫同學解答課業上的疑問，而他也十分熱心地協助同學解題。

成長和學習的路程一直處於人生勝利組的小剛，今年將面臨國中基測，一向成績優異的他自然將第一志願列入唯一選項，為此他也努力準備，並全力衝刺，每天除了上課之外，放學後就到閱覽室晚自習，每天強迫自己背誦英文、演練考題，直到晚上十點多才回家，求好心切的小剛經常熬夜讀書，假日則到圖書館或是補習班加強複習。校內和補習班曾舉辦過幾次模擬考，小剛的分數都有落在第一志願的錄取範圍內，雖然面對大考他難免緊張，但也自認做足萬全準備了。

小剛的父母了解兒子正面臨基測壓力，盡量凡事都順著他，晚自習回家後，媽媽也體貼地準備宵夜給小剛吃，全家都知道他的努力，而兒子的各項科目也都表現良好，因此對他的未來充滿期待。

基測前夕，小剛不幸感冒了，他高燒不退、咳嗽不止，而且鼻涕流不停，雖然看了醫生，但連日來的熬夜弄壞了身體，即使吃下感冒藥、打了退燒針，效果卻有限，醫生直言必須適度休息才能盡速復原，但隔天就要參加基測的小剛根本不能好好放鬆停歇。

基測第一天，小剛果然失去平時的考試水準，作答的時候，發燒的他感到頭暈目眩，一直難以集中精神，不僅比平常花了更多時間才寫完題目，有幾科他甚至沒寫完，而且也沒有時間可以檢查和驗算。第二天，他的身體狀況才終於好轉，作答時頭腦比較清晰，但小剛知道大勢已去，以他昨天的作答情況，第一志願已上不了。

放榜後，小剛果然痛失第一志願，他考上了一間自己從沒考慮過會就讀的私立高中，爸媽得知兒子沒有如願考到第一志願，甚至連公立高中也沒能錄取，不禁感到無奈又難過。

「都是教改的錯！改了老半天，還不是憑分數填志願！平常在學校表現得再好又有個屁用！」爸爸難掩失望的神情，忍不住痛罵出口。

「只要小剛繼續努力，就算在私立高中念書，未來也有機會上第一志願的大學。」媽媽試著安慰。

「沒用啦！私立高中的升學率怎麼能跟明星高中相提並論，現在考不上好高中，以後也難有什麼出息！」

聽到爸媽你一言我一語地說個沒完，小剛越聽越難受，沒把基測考好他非常自責，畢竟他從來都沒有如此受挫，原本前途一片看好的他，卻因考試失利毀於一旦，看到爸爸一臉氣急敗壞、媽媽憂心忡忡的樣子，小剛認為他們都在責怪自己，不禁生氣地說：「對！我就是沒出息！沒有前途！不如早點死掉算了！」

爸媽聽到兒子情緒化的字眼都嚇了一跳，但也以為那只是一時的氣話，過一陣子就沒事了，沒想到基測過後，小剛宛如變了一個人，他每天都板著一張臉孔，對家人愛理不理，說話也很不耐煩，一回家就關進房間，動不動就把「沒有前途」、「不會有希望」掛在嘴邊。

爸媽這才知道小剛毫無面對挫折的能力，兒子的情緒起伏很大，身為父母卻不知該從何協助，他們很擔心他從此失去學習的熱忱，甚至在未來遇到其他瓶頸時，會承受不了更大的壓力。

而且，小剛遲遲走不出考試失利的陰影，整天都無心念書，對未來產生萬念俱灰的失落感，讓爸媽看了非常心疼，於是，他們決定收拾心情，以正向積極的心態，增加孩子的抗壓性，度過人生每一個挫折。

培養抗壓性，從容面對人生挫折

挫折是主觀的情感，家長應尊重並同理孩子的心情，不要覺得孩子的煩惱微不足道，也避免在他陷入挫折時火上加油。如小剛的爸爸在得知兒子痛失第一志願時，忍不住說出喪氣的話，對小剛來說無疑是雙重打擊，甚至加深他難過的情緒；父母應該先冷靜下來，畢竟木已成舟，此時說任何負面的言語，都改變不了既定的事實。其實，面對生活中遭遇的瓶頸，最重要的是培養勇氣，讓孩子習得從容面對的新能力。

從小提升挫折免疫力

曾有許多社會事件報導，平常為師長、家人眼中的資優生、人生勝利組，常因一時情緒失控而做出偏差行為，如自殘或傷害別人，造成無可挽回的悲劇。歸咎原因，大多是因為這類型的孩子從小一路順遂，沒遭受過太多挫折，一旦在人生道路上跌跤，往往便難以振作。

要讓孩子克服困難，首先就是父母必須學著放手讓孩子自行處理生活事務，小時候可藉由整理房間、自行定時起床或自己煮食等方法，提供「錯誤中摸索」的珍貴機會。孩子有可能會因此賴床遲到或煮菜燒焦，但在面對種種無可預期的困難時，孩子必須學會堅持下去，主動思考如何化解問題，才能在無形中強化挫折忍耐度。

許多父母在教養的過程中往往很矛盾，想要幫助孩子，又怕剝奪其學習獨立的機會；強迫自己放手，又怕孩子經不起打擊；究竟家長該如何拿捏，才能正確建構、提升孩子的挫折免疫力呢？

陪他分析挫折的原因和解決方法

小孩感冒的時候，父母絕不會只簡短地說聲保重，反而會時常提醒兒女要穿暖一點、定時吃藥、少吃冰，並有充足睡眠等。

但是，當孩子面對挫折的情緒時，父母往往忘記用同樣的態度協助孩子度過難關，例如兒女搞砸了考試而落淚時，父母應該陪著孩子了解發生挫折的原因，進而找到解決的方法，陪伴他多練習，累積能力，而不是只有說：「下次要加油！」或說：「考不好真沒用！」打擊他的自信。

欲把挫折化為學習實力，需經過三個階段，其順序分別為覺察發現、理解認識和轉化學習。當孩子回家後，很沮喪地跟父母說：「我的數學越考越差，不知道該怎麼辦？」父母若回應：「沒關係。」或「不知道。」表示沒有「覺察發現」孩子的挫折，一旦錯過教導孩子面對挫折的機會，將使孩子不知道該如何處理挫折，故而從負面情緒發洩。

父母的回應假如是：「雖然你考不好，但在媽媽的眼中你已經盡力了。」或「下次再努力考好。」代表家長發現孩子在課業上遭遇困境，但於「理解認識」的階段卻沒能找出癥結，陪孩子尋求解決問題的方法，因此錯過孩子從挫折中學習解決的機會。

最恰當的做法是父母發現孩子遇到瓶頸時，以同理心的角度，試著理解孩子的難過心情，幫助他認識和覺察挫折，進而找出考不好的原因，如：準備不足、不理解題目、題型不熟等，發現原因後，才能進入第三階段，陪孩子學習，勇於克服瓶頸，並內化成為孩子的能力。

讓「挫折」變得有「意義」

多數孩子從小到大都被告知要用功讀書才有出息，因此生命的空間和意義只局限在教室裡，成就和挫折亦被框在這小小的範圍，導致成績好壞決定成就好壞，這個觀念使孩子受到肯定的機會變少，因此變得容易受挫。

父母在現實社會中生活多年，應該理解社會上有很多傑出的成就並非端看成績好壞，而在於達到成就的意義為何。故事中的小剛將考不好視為挫折，他看到的只是數字從高分變低分，並不能體會學習的價值不在於分數而是過程；父母若希望培養孩子的抗壓性，應慧眼獨具地欣賞孩子的特質，讓不同特質的孩子，都可以在不同的領域找到學習的經驗和意義，而不是使其心情隨分數高低起伏。

臺灣著名的超級馬拉松選手林義傑曾於專訪時說：「參加比賽時，我每天一醒來，想到今天又要跑八十公里，就覺得很累很抗拒。」過去在炎熱的撒哈拉沙漠跑步的他勇奪亞洲第一的光環，之後參加的賽事也都是數一數二的名次，其堅忍毅力令人欽佩，但難免有疲乏的時候，於是主持人問他：「明知道很辛苦，為什麼願意跑下去？」林義傑說：「比賽壓力很大，環境更是嚴酷，但自己選的路，再辛苦也要撐下去。」

即使擁有亞洲第一的光環，但林義傑曾說自己並不是一直都這麼厲害，某一次比賽時，小腿的阿基里斯腱發炎，導致比賽難以繼續，當時旁人都勸他放棄，但他還是選擇上場；打了消炎針後，他堅持跑了約三十五公里，但之後卻因雙腿劇烈疼痛，不堪負荷長途跑程而放棄該場比賽，當下他覺得自己之前咬牙練習的苦心都因此白費了；事後他經過一番思考，自己雖然沒有跑完全程，但是他並不覺得自己很沒用，也不再感到惋惜，反而領悟到人的能力有限，而自己已經盡力了。

由以上可知，孩子若能找到自己的路，認同自我價值，同時了解自己做的是有意義的事情，無論結果成敗，都能肯定過程中的努力，日後即使遭遇挫折和苦難，也能越挫越勇、毫不退縮，更不會因為退步就惹來壞情緒。

父母不妨陪孩子一起建立合理的目標，讓孩子願意為達目標而忍耐，並接受隨之而來的痛苦，以從中獲得苦盡甘來的滿足。以下即提供訂立正向目標的方式給家長們參考：

❶ **訂立範圍而非分數**：很多老師或家長會規定孩子每項科目的分數，因此孩子只會追著抽象的分數打轉，而不懂為何而讀；現實社會中，很多事情都沒有標準答案，只能依照平時累積的能力和經驗想辦法解決，因此父母不宜用分數評價孩子，而應依照孩子的能力具體訂出努力範圍，如：一小時內做完模擬試題、十分鐘內讀完這篇文章，或五分鐘內跑完操場一圈。

❷ **給予適當地彈性**：訂立範圍不宜太過嚴苛或寬鬆，過高的標準會讓孩子感到遙不可及而疲乏；但太低的標準又不能引導其上進心，應視孩子的潛能作為努力的目標。

❸ **避免負面情緒**：有些孩子的自我要求很高，如果表現不如預期，可能會出現極端的行為，父母除了以同理心陪孩子走過挫折，平時應以朋友身分多了解孩子的想法，若發現孩子得失心太重，可以導正其觀念，讓孩子把目標作為動力，而不是情緒的指標。

製造對談機會，揪出挫折根源

面對挫折，有些孩子是「有苦說不出」，尤其是孩子常覺得家長不懂自己，便以沉默、哭鬧，抑或是逃避等方式面對。這不一定是因為孩子缺乏面對挫折的勇氣，可能是受限於他不知該如何求助或表達，此時父母應透過引導和對話找到問題的核心。

孩子的挫折感多數來自校園，根據統計，其中有六成是人際關係，四成是升學壓力。校園是孩子在家庭之外的生活重心，所以家長應經常關切孩子的校園生活，有助於找出孩子的壓力所在；平時若只是含糊地問孩子：「你在學校都還好嗎？」可能也只會獲得淡淡地一句：「還好。」親子間類似這樣的籠統對話反而會加深彼此代溝，也沒能解決孩子的挫折根源。

家長與孩子談天應盡量創造對答的機會，才能引導孩子多聊自己的生活，而不是講不到兩句話就劃下句點，父母不妨具體地問：「下課時，會和誰一起去打球？」、「上次和某某同學看的電影在演什麼？」或「導師的個性是活潑還是嚴肅？」等，這一類生活化的話題，能促進親子自然而然地溝通和交流。

父母和孩子每一次的互動，都是協助孩子培養挫折忍受力的教育機會。因為在處理每件事和問題的過程中，他們會獲得更多啟示，克服逆境的種子也將從中萌發茁壯。

挫折忍受力不是一堂進社會前才要學習的「課業」，而是父母時時刻刻都需要重視的教養關鍵。若想知道孩子是否具備面對挫折的能力，可從以下三個特點去觀察：

1. 能有效處理緊張和壓力，適應日常挑戰的能力。
2. 能從失望、困境及創傷中復原，發展出明確且切合實際的目標，並願意解決問題。
3. 能與他人自在相處，尊重自己和他人。

現代的小孩看似比較好命，但是愈來愈複雜的社會環境反而使孩子應變能力不足而措手不及，因此製造出不少社會悲劇，如：資優生因課業繁重而尋短、或高學歷博士生因寫不出論文而輕生等。若父母能及早察覺孩子的壓力，掌握抗壓性的養成，便能協助小孩強化挫折免疫力，勇敢面對逆境。

挫折不是讓孩子踏進父母精心設下的陷阱

有些父母擔心孩子生活在安逸的環境中會不知該如何對抗壓力，所以寧願在寒暑假花大錢將孩子送到落後國家「體驗貧窮」。這個現象主要是根據近年來的調查發現，有八成左右的國中老師認為，現在學生情緒管理最大的問題就是「缺乏挫折忍受力」。

體驗貧窮的背後，透露出父母急於尋求教養小孩抗壓性的方法。因此父母想辦法「製造挫折」，但這就像把免疫系統還不健全的孩子，放進充滿病毒的環境裡，效果很可能適得其反。

父母刻意製造苦難，對孩子而言倒像是一種懲罰、一種陷害，亦是一種負面的體驗。這並不能讓孩子的心靈充滿力量，反而積累了怨恨和恐懼；孩子因恐懼而屈服，不是真正的人生動力。

挫折教育不該刻意設陷阱，再讓孩子毫無準備地掉進去，然後指望他們自己爬出來。挫折教育應該是父母培養孩子面對挫折的時候，能夠清楚地認識困難，分析自己的目標，以及調整情緒，思考和執行解決問題以達到目標的能力；在這個過程中，父母要給孩子情感上的支持、引導孩子認識自己的情緒，並調整自己的情緒，讓孩子學會設立現實的目標，分階段解決問題。只有來自父母的支持，才能使孩子成長更為優秀、抗壓性更強，並成為內心充實、幸福的人。

教養現場朵朵小語

在漫長的人生路上，挫敗是常有的事，因此挫折本身並非考驗，面對挫折的態度才是真正的考驗。尤其遭遇困難時，應該以勇敢和從容的心態戰勝挫敗感，才會因此發現，挫折如烏雲般散去後，頭上是一片美麗晴朗的天空；反之，如果面臨難題只會搖頭嘆氣，失去前行的勇氣，那麼終將被天空中濃密的烏雲所籠罩。

我都幫你安排好了×我才不要聽你的

別想搞定孩子！軟化刺蝟小孩不鬥智只用心

許多家長喜歡幫孩子設計完美無缺的學習計畫表，卻忘了同一張計畫表並不適用每一個孩子，父母要學會讀懂孩子的情緒特質，才能啓動學習力。

小翔和小瑋都是媽媽的寶貝兒子，兩兄弟的年紀相差七歲，所以當哥哥小翔開始上學時，小瑋仍在牙牙學語。媽媽雖然很愛兩個孩子，但她自認是嚴厲的虎媽，對於孩子的學習自有一套規定。

大兒子小翔個性順從，自他六歲開始，就聽從媽媽的指示開始學習拉小提琴，並且每天苦練兩小時；就讀小學後，媽媽的規範愈來愈多，除了維持每天的小提琴練習之外，每一科的成績都要達到九十五分以上，而且禁止看電視和玩線上遊戲，不能和同學去逛街，也不許去KTV、電影院和網咖等場所。根據媽媽的說法，學習音樂可以培養氣質，而電視和電腦則會讓頭腦變笨，那些娛樂場所也只有壞孩子才會去。

一向逆來順受的小翔絲毫不抗拒媽媽的安排，因為他對自己的要求很高，自詡為完美主義者，所以他一直很努力地達到媽媽的高標準，成為家長眼中優秀的模範生。

小瑋長大後，媽媽比照對待小翔的標準要求小兒子，在小瑋六歲時，帶他去學大提琴，並要求他每天練習兩小時。但是小瑋是個好動的男孩，只喜歡打球、跑步，玩得一身汗，所以不出三天，小瑋就直接了當地對媽媽說：「我不喜歡學大提琴，我想和朋友去打籃球。」

「不行！你一定要學！」媽媽心中認為小瑋和小翔都要各學一種樂器，培養音樂造詣。

媽媽的態度相當堅持，小瑋拗不過媽媽，只好勉強繼續學，但他根本無心上課，也不願天天練琴，即使媽媽執意要他拉奏，也只是荒腔走板。上國中後，媽媽搬出一樣的規範約束小瑋，但小瑋卻一口回絕。

「為什麼我不能和朋友去西門町逛街、看電影？」

「因為那是壞孩子去的場所！」

「那只是電影院，不是什麼壞場所。」

「看電影和逛街都很浪費時間，讓你不能好好練琴，也沒空練習算術和閱讀，所以你不准去。」

「那麼我寧願當壞孩子，也不想當妳的孩子！」小瑋不吵也不鬧，冷漠地說出這句話，卻像一把利刃，冷不防地刺入媽媽的內心。

小瑋說的話，一直在媽媽的腦中迴盪，她覺得自己對孩子的限制都是為了使兒子們成為出類拔萃的人才，為什麼小翔做得到？小瑋卻如此不懂她的用心良苦呢？

別用固定規範束縛不同孩子

很多父母為了孩子好，會設立許多規則要求孩子遵守，但是這些規則並不見得適用於每個孩子，必須配合孩子的年齡、性格、興趣與實際境況調整。也就是說，父母無須改變任何基本原則，但應依據孩子的個人特質，對這些規範做修正。

故事中的媽媽雖然希望能培養孩子的音樂造詣，但並非每個孩子都對音樂感興趣，因此，家長應適度地妥協；如果讓孩子去補習才藝，是希望能培養他們的興趣，在大原則不變之下，不妨選擇孩子喜歡的才藝課，如大兒子對小提琴有興趣，而小兒子喜歡打籃球，家長即可針對大兒子栽培音樂素養，並發展小兒子的體育細胞，讓兩人都能在合適的領域表現優異。

按照自律程度訂立規範

訂立標準要求孩子，應該視其要求的事項而定，日常規約當然是任何年齡層的孩子都需遵守的規範，但仍然可依照孩子的成熟度和自律能力給予不同約束，以完成每日作業來說，大兒子總是按時做完功課、不必大人叮嚀督促，但小兒子總寫不完每天的家庭作業；相形之下，弟弟比較需要父母監督，即使兩個孩子都應該完成家庭作業的規定，但如果父母花較多時間盯弟弟做功課，對哥哥則較寬鬆，也是合理的做法。因此，父母理當在這方面給予他們不同的待遇。

家長無須低估子女的理解力，擔心小孩沒辦法了解差別待遇的做法，或覺得自己不夠一視同仁，小孩約在六、七歲慢慢懂事時，比較關切的是「公平」，而不是絕對的平等。他們能夠了解，為了做到公平，有時候也需要有差別待遇；即使孩子當下不能理解，大人也應該詳細說明解釋，如：「因為你常常寫不完功課，所以媽媽對你比較嚴格，希望你能按時寫完。」

當父母勉強孩子依照某種既定的模式發展時，在某些家庭中，有的孩子遵循父母的計劃，有的孩子卻沒這麼做，家長應了解到，沒有按照規定的孩子本身並沒有錯，重要的是，這個與眾不同的小孩應該被允許追求自己的興趣；不僅如此，也應該與其他手足一樣，獲得父母充分的支持。父母不可以為了滿足自己的理想，堅持要孩子學習自己心目中的事物，而放棄孩子真正喜歡的，更不該單單因為這個孩子具有不同的才華與嗜好，便對他比較冷淡。

家中若有兩個以上的兒女，父母沒有理由要以完全相同的方式對待所有子女，俗話說「一樣米養百樣人」，一樣的父母當然也會教育出個性、特質、興趣都截然不同的孩子。舉例來說，讓子女學音樂幾乎是父母們認可的良好才藝，而且練習任何樂器，也應從小就開始，但年幼的孩子對於這類課程還沒有概念，不懂得自我的需求是什麼，所以家長要他去學，兒女便順從不反抗；但是，當孩子認知到自己喜歡什麼、厭惡什麼的時候，有的孩子願意苦練，有些則不然。而家長的職責，應該是發掘出孩子的天賦，發揮其特長，並非要求兒女一個口令一個動作。

除了在家庭之外，不同的孩子在相同的學校環境中也可能會有不一樣的發展。有些孩子需要課程規劃明確、作息井然有序的學校環境，另一些孩子則需要比較自由放鬆的學習環境；有些孩子比較適合專業的運動體育學校，有些則在不特意強調競爭性運動的學校。無論是師長或家長都該依據孩子的氣質，給予不同的要求和規範。

看出個性，配合孩子的性情

知名藝人傅娟也曾和許多媽媽一樣，不自覺將自己的期待加諸在三個女兒的身上。她接受訪問時曾提及，起初她興沖沖帶著有美術和體育天分的老大妮妮，跑遍音樂教室。但是，當妮妮學鋼琴時，練不到幾分鐘就放下琴譜，完全不按照媽媽的計畫行事，母女關係也因此不再甜蜜。而本來跟在旁邊欣賞音樂的娜娜，琴藝卻在三個月內，就超過姊姊。

傅娟逐漸發現，三個女兒有三種個性，她開始接納，並且支持不同個性的孩子去發展所長。十七歲的老大妮妮像兔子，聰明、敏捷但沒耐性重複細節；畫畫有自己的創意，不喜歡制式規定的框架。長大後，她漸漸展現出極佳的體育能力，因此從原本的美術班，轉換成體育班，主攻花式溜冰和競技體操。

老二娜娜像烏龜，有毅力，肯苦練，願意一步一腳印地接近自己的夢想。喜歡排時間表的傅娟，在娜娜身上找到共鳴，因為娜娜從小就習慣接受媽媽幫她安排時間表。

老三娣娣則是獅子，很有表演欲望，從五歲起就展現出對舞蹈的熱愛和自信，練習韻律體操即使練到邊哭邊拉筋，還是咬牙連續苦練三、四個小時，這是因為她知道「成功沒有捷徑」，出色的表演要靠努力練習換得。

經驗豐富的傅娟認為父母一定都知道子女的特長和個性，只是你願不願意相信和支持。對老大妮妮她嘗試過許多方法，軟硬兼施，希望她能十八般武藝樣樣精通，卻發現這只是揠苗助長，而忽略她的真正天賦；有了前者的教養經驗，即使老三娣娣的成績不如預期，她也不再緊張了，因為每個孩子都有自己的過程，終究會找到適合的生涯。

學習與心情兼顧

每學期開始前，傅娟都會和每個女兒單獨開會，討論想學、不想學什麼，想上、不想上哪些課。然後列出理想可行的課程表，親子間的生活就在安排、接送三個女兒的節奏中忙亂著。

但無論學習遇到任何瓶頸，身為媽媽的她不忘關切孩子開心與否，因為她深知只有讓孩子做擅長、想做的事，才能引發學習動機，也才會樂在其中。

曾經，娜娜每天花八小時苦練大提琴，遇到無法突破技巧難關的低潮時，甚至會邊練邊哭。身為姊姊的妮妮看不下去，質疑媽媽為何要讓妹妹痛苦，並犧牲童年玩樂的時間。傅娟也曾惶恐懷疑，並向二女兒反覆確認：「即使練得那麼痛苦，妳還是要繼續做這件事嗎？」而娜娜總是肯定的回答，於是，傅娟相信，音樂真的是她要的選擇。

妹妹的音樂成就曾讓妮妮自嘆不如，但她也在別的領域找到堅持下去的熱情，當大女兒第一次主動要求超時苦練花式溜冰後，傅娟便帶她參加表演和比賽，幫助她建立自信。也鼓勵不愛看樂譜的她，學習薩克斯風，妮妮也終於在音樂中找到樂趣，甚至跟妹妹同台演出。

傅娟認為，暫時放下不等於放棄，父母有時要和孩子角力，不斷提供建議和機會，才能讓妮妮恢復對音樂的自信。

每位父母的教育方式都不盡相同，教育孩子也沒有標準答案，重點是找出孩子失去學習動機的原因，從陪伴和理解中跟著青春期的孩子成長，成為最棒的啦啦隊爸媽。

教養現場朵朵小語

學習一項事物不只是短暫的努力就夠了，而是必須付諸長久的熱情和努力才能維持成效，長時間的努力也許會帶來疲乏，而使之半途而廢，想要重新找回當初的熱忱，除了要不忘初衷，也不能缺少家人的陪伴和鼓勵。

考試方向一變再變Ｘ我都不知道該怎麼念書了

孩子不是白老鼠，克服十二年國教的隱憂

十二年國教來臨，家長和孩子得以重新認識「學習」的本質，與其擔憂，不妨先定下心來，徹底了解新時代的升學與學習，再想想孩子適合走哪一條路。

柏翰是九年級的國中生，他將參加今年開始試辦實施的免試入學，免試入學是為國中生減輕大考壓力的政策；但因為要列計在校成績、會考成績，又強調「五育並重」的學習，所以柏翰在學校裡的考試一點也沒變少。

早上七點十五分他在教室坐定後，習慣性地拿出筆準備寫早自習時間發下的第一張考卷。七點五十分小老師上台對答案：「第一題到第五題答案：A、BCD、AB……」

短暫的下課後，柏翰拿出國文課本，準備面對下一堂課。

「『簷少時讀書於養晦堂西偏一室』，我年輕的時候在養晦堂西邊的一個房間讀書。『俛而讀，仰而思：思而弗得，輒起……』低著頭讀書，遇到問題就抬起頭來思考……『仰而思：思而弗得』，這樣的修辭就是『頂真』。」國文老師正在教九年級的國文。

老師一字一句唸著翻譯，學生低頭窣窣抄寫。下課前十分鐘，老師說：「把書闔上默背一遍。接著，拿出半張測驗紙，開始默寫課文翻譯。」

全班紛紛拿出測驗紙，將課本掙扎地闔上，努力背下剛剛的文言文翻譯。

下課後，柏翰緊接著拿出英文課本，背誦下一堂課要考的英文單字和英文對話，只見他一下翻開課本猛記，一下闔上課本默背，很快地，打鐘聲響，他收起課本，準備默寫出背誦的單字。

到了下午的自習課，教室裡的九年級學生正埋頭進行模擬考，時間一到，學生們便交換批閱考卷，然後抄今日的聯絡簿內容，教室黑板上條列出八項待作事項：默背第十課課文、寫數學講義第六章、考英文單字、歷史複習考等等。

柏翰已經在學校待到了第八堂，四點四十分，放學鐘聲響起，班上有一部分的人收拾書包回家或是去補習，有些人繼續上第九節課，上完第九節，下午五點四十五分，這些國中生已在學校整整待了十個小時。但是，為了準備之後的會考，這些學生快速吃了便當，片刻休息後，還得繼續留校晚自習到晚上九點半。

自從升上九年級，除了假日之外，柏翰每天回到家的時間都超過晚上十點，現在的生活，每一堂課都有新的進度，要吸收的新知太多，還要考試、要思考、要理解這麼多題目，一整天的學習都排得很緊湊，甚至連喘息的時間都沒有，他覺得自己迷失在學問裡，但對於這樣的學習生活，卻無從抱怨，也無從抗議。

身為柏翰的媽媽，也不禁覺得現在的國中生真可憐，晚餐總是吃得晚，也吃得趕，等到補習班下課、洗完澡，就已經晚上十點多，即使柏翰真的很想睡，也要忍住睡意準備隔天的默書和考試，要是撐不住睡著了，柏翰就要提早兩小時起床繼續念，媽媽不確定這樣的學習型態有沒有效果，無從協助卻又很擔心他考不好。

教育政策明明說十二年國教目的是為了讓學生減輕「為考試而考試」的壓力，但柏翰在學校的考試卻一點也沒變少，應該說，他只是整體國中生的縮影，幾乎所有的國中生，都是在大大小小的考試中度過每一天。家長不禁擔憂，孩子的考試負擔不僅愈來愈重，甚至對新型態的考題感到不知所措，壓力也隨之增加。

教育新挑戰，搶救會考時代的孩子

父母共同的疑問是，「會考時代」的小孩該如何念書呢？會考不同於過去基測和聯考的題目，如社會科有三分之二是圖表題，還有跨科的整合題；自然科考實驗過程；數學科題目冗長考解析能力；國文科題目很難從課本上找到一模一樣的內容。出題趨勢是題目長、重分析、結合生活經驗和學習能力，與傳統的記憶式考題相左，所以死背、硬記的學習方式可能是新時代的學習殺手。

奇怪的是，目前的教改方向和國中教學是「考、教分離」，即使老師想因應政策改變教法，卻無能為力改不了，因為前面有一堵牆，那就是段考，段考的方式不改，老師教法也很難改。

教育上的種種矛盾讓家長們面對關於十二年國教的政策，心情在憤怒、質疑、焦慮、不安、無奈中擺盪。但可以確定的是，考試不會決定終生。所以，考試領導的教學必須改變，否則孩子沒有動機；為考試讀書的學習方式也必須改變，否則選不到最適合的學校。

父母和孩子對未來的升學管道和學習態度都必須有全新的認識，陪孩子告別為考試讀書的時代，培養樂在學習的孩子，他才會是真正的贏家。

根據國中生的「學習力大調查」顯示，超過五成的國中生認為自己學習動機不強烈。年紀愈大，學習欲望就愈低落。八成老師也認為學生沒有足夠的學習動機。這是因為每天經歷學校八堂課的上課和考試，加上補習班的「加強」時間之後，所有主動學習新知的欲望和行動，早被消磨殆盡。因此，大部分學生的學習僅被「考試」驅動：如果沒有考試，國中生會主動閱讀課內相關書籍的比例，低於三成，學校老師也不得不承認，多數學生不考試就不會念書。

上學，加速學生逃離學習

無奈的是，校內考試強調鉅細靡遺的背誦、反覆練習，學生對此早已痲木。從七點半的早自習開始，到第八堂課，教室裡的學子滿是事不關己和發呆的眼神；學習效果不彰，還得延長學習時間，在校晚自習、上補習班，週末補課，這樣的學習方式幾乎是全年無休。

孩子每天的補習行程排滿滿，對學習卻興趣缺缺，欲喚起孩子的向學動機，爸媽要先打破補習的迷思，引導孩子自行規劃時間，反而可以游刃有餘地安排學習進度。父母應適度放手讓孩子去安排生活，一旦孩子對學習有自主能力，才不會像趕鴨子上架般地為考試而考試、為念書而念書。

補習愈多、愈忙碌的小孩，成效未必最豐富，畢竟孩子要專注學習已經不容易，如果再把行程表排滿滿，大腦一刻不得閒，成績反而會大打折扣。

讓學生對學習愈來愈無感的原因，就是要求孩子投入冗長的「學習工時」，卻從來沒有檢視、提升學生在每堂課可以得到的「有效學習」。

如何重建學習動機？

孩子總是在無止境考試，所以有一派人士認為，沒有了「考試」，國中教育就會恢復正常；但另一派卻認為一定要維持考試的傳統，透過考試能力分級，才能「因材施教」，保障精英教育的品質。然而似乎所有的教育，都以「考試」為支幹，卻鮮少人探討，國中教育除了「考試」之外，十二年國教時代該帶給學生什麼「不一樣的學習經驗」？

孩子從學習中逃走以及由教學現場感受到學力崩壞的憂心，臺灣的處境並不獨特。日本過去就曾遭遇同樣的困難。和臺灣一樣，日本政府曾企圖透過免試、減壓、削減教育內容的「寬鬆教育」，解決考試壓力的問題，但學生的學習動機依舊如江河日下。但回到過去勤管嚴教、延長上課時數、大量背誦和反覆練習的舊路卻也無濟於事。

不論東方或西方，一直有兩派教養理論在爭辯。一派認為小孩要有嚴格的鍛鍊，另一派主張要快樂學習，但其實這兩派的說法都只各對了一半。

根據學習科學的研究指出，缺乏動機的過度學習，是無效果學習。學得多，並不一定學得更好；錯誤的嚴格鍛鍊，只會增加孩子的焦慮，壓力過大，甚至會傷害孩子的大腦。

而一味強調快樂學習，也有其缺陷。許多研究「學習動機」的專家都指出，學習不見得總會帶來樂趣，而且學習常常需要成就動機和意志力才能成功，兩者都得訓練。平時沒有學到如何忍受暫時的挫折、克服障礙、承受不愉快，可能會導致日後學習時遇到困難，無法克服。

因此，在「快樂學習」與「提升競爭力」之間，需要一個平衡點。「快樂學習」的主張，是希望能夠「充實」（enrich）孩子們的多元學習經驗，使學生能夠在學習過程中真正感受到內在動機，並享受到學習樂趣；「提升競爭力」，則希望提升學生的競爭力，其方向在「加強」（enable）學生的學習表現。

無論enrich或enable都有值得鼓勵的地方，因為在一個充滿樂趣的環境中學習，學習品質自然會提升。而在全球競爭的世界裡，也唯有具備扎實基礎能力，才能與人競爭。但還有一個重要的方向，就是提升孩子的心理適應能力，也就是「增能」（empower）。使孩子由內產生一股能量與動力，讓他們不但樂於學習，產生足夠的競爭力，也讓他們未來在面對各項失敗或挫折時，有足夠的心理強度來面對。

時代已經改變，老一輩的教養方式，已經不足以帶領成長於現代的孩子，enrich、enable、empower，成為父母在引領孩子學習時的三大關鍵任務。

1 「充實」(enrich)孩子的學習經驗： 在這個知識來源多元化的時代，學習已經不只發生在學校教室裡，運用校外、社區、網路上的學習資源亦益發重要。父母需要重新思考孩子學習時間的分配與優先順序，提供孩子多元面向的學習，讓學生發現自己的價值，如跨領域學習、旅行，都會變成重要的學習課程。欲讓孩子擴展他的生活領域，就不應用補習把孩子的生活填滿；換句話說，家長應重視孩子自我探索的時間，讓孩子花時間去思考：「我適合發展什麼？」、「這個環境需要我展現哪些能力？」、「要去哪裡學這些東西？」另外，父母也應該重新認識好老師的特質；環顧教學趨勢，好老師的條件，已逐漸走向能夠引導學生去思考、探索、團隊合作、激起學習熱情的方向。有這些特質的老師，才有更大的可能帶領這代的學生，面對未來的挑戰。只專注在學生考試成績的老師，反而會局限了孩子的發展；建議親師之間多溝通、討論要給孩子什麼樣的價值觀與視野，並了解孩子的學習特質。

2 「加強」(enable)孩子的學習方法： 缺乏有效的學習方法，即使有明確的學習目標與學習意願，仍難以達到預期的結果。專家指出，每一個科目或領域，往往都有不同的學習方法與策略，除了藉助老師引導孩子學習有效的方法，父母可以做的是，鼓勵孩子問問題，確認孩子弄懂他所學習的內容；並鼓勵孩子尋求協助，不論是請教老師、父母或同學，讓孩子透過自己出題目考自己的方式，來學習抓重點。當孩子出現重複的學習錯誤時，幫助他找出原因與正確的解題方法；家長可觀察在什麼樣的情況下，孩子比較能夠記住老師所教的內容，也許是聽一個故事、以圖像理解問題、戶外體驗等，學習策略要符合孩子的學習模式，才能使其更快消化、學會。

3 「增能」（empower）孩子的學習動力：

學習需要動機與毅力，缺乏內在動力，一切的學習都會變得很辛苦。要促進孩子內在的學習動機，有兩個重要的原則，首先，讓孩子在設定學習目標時，有較多自主或自我決定的空間，亦即孩子在選擇學習目標時，是出於個人自由意志，而非被命令、被逼迫、或被威脅；其次是，使孩子在學習時，能產生勝任感，也就是能夠依據孩子的能力，設定難易適中的任務，讓孩子在完成任務時有勝任的感覺。此外，學習的過程必然有挫折，家長要懂得培養情緒管理能力與挫折復原力，孩子才能持續維持學習的動力，故父母應在孩子遇到困難想放棄時，鼓勵孩子並強化他堅持下去的決心。

十二年國教要將重點擺在「教學」

根據調查發現，近七成的學生表示，鮮少有機會在課堂上表達自己的看法，也幾乎沒有小組討論的機會；而有四成五的學生，遇到功課上的問題，鮮少找同學幫忙。導致每個學生在課堂學習時，就像個獨立無援、沉默的孤島。

其實學生對學習是有想像和渴望的，超過八成的國中生就曾回應，和同學一起分組學習，會很有幫助，而廣受學生青睞的老師，被認為是懂得鼓勵、讓學生動手做、很會說故事的老師。上述關於國中生對學習的想法，提供了學校「提升學習動機」的線索。

家長應該相信，其實孩子可以做得超過想像，不是孩子沒辦法，而是教學給得太單調。換言之，十二年國教的核心是什麼？應該是「活化教學」，達到讓學生獲得關鍵能力的目標。活化教學沒有辦法靠一個老師完成，家長也必須裡應外合，從教室到家庭建立好的學習環境。以促進孩子閱讀的能力為例，老師除了提供建議的書籍，透過戲劇分享、讀報比賽增加閱讀動力外，家長也可定下孩子睡前的閱讀時間或晨讀時間，協助老師落實讓孩子多加閱讀的方法。

十二年國教必做的準備

平心而論，如果孩子是十二年國教改革浪潮前端的那幾屆，必定是辛苦的。因為任何新的政策都有紊亂與過渡時期，可是對於每一個獨特的孩子來說，生命的每個階段都是絕無僅有、寶貴的學習歷程。

未來是新政策上路的過渡與震盪期，如果父母因著每日媒體關於十二年國教的新聞而惶惶不安，苦想到底要為孩子補什麼？加強什麼？不妨先定下心來，徹底了解十二年國教時代的升學與學習，再想想孩子適合走哪一條路。父母心中的方向篤定，孩子才會因為你的安定做好準備。

首先，因應升學制度的改變，勢必帶來國中學習的三個轉向：

❶ 多元學習不可避免：「超額比序」是指當需求大於供給的參考依據，如A校只釋出六百個入學名額，卻有八百個學生想要來就讀，到底是哪六百個學生可以順利進入？這些學生就得來比一比了。比較項目包含體適能、志願服務、會考成績等項目。十五個就學區，每區比序原則依照當地高中高職供需狀況、環境特色而有所不同。但大原則類似，目的是在非學科的學習上，也要鼓勵孩子多元嘗試、均衡發展。像是參與社團、擔任幹部、志願服務等，不僅對孩子的品格發展有利，也對「升學」有直接的益處。至於許多家長人云亦云的擔心：藝術與人文、健康與體育、綜合活動等，會不會又採計在校成績，分分計較得讓孩子疲於奔命？答案是不會！因為各區的積分，在這三個面向上，都只看「及格」與否。及格就得分，不及格就零分，僅有這兩個分數區間，這是多數孩子都達得到的標準。

❷ 讀書方式將改變：會考只分三等，而且是「標準參照」，只要通過國家制訂的標準，不需跟他人比較。就像是考駕照，只要看自己有沒有通過並達到基礎或精熟，不需要去看別人得幾分，也不必在意排名。學科學習上，花時間理解課本裡的概念，會比超前學習、反覆練習更為重要。

❸ 自我探索是必要任務：未來免試升學，依憑的不只是考試成績，會考最多也只佔三分之一。高中第一志願以下的學校排名也會逐漸模糊，學校變成只有「最適合」，沒有「最好」。即使是學

科成績優異，要爭取明星學校，參與「特色招生」的學生，在目前「先免試後特招」的程序上，最好也提前確認自己的選擇，比較能避免遺憾，萬一特色招生沒考上，只能等待第二次免試餘額登記。當國中從分分計較的考試壓力中釋放出來，要讓孩子在國中的學習覺得有意義、有動機，學校和家庭最重要的工作，就是幫助孩子增加多元探索的機會，找到他的長處與興趣，用「長處」而非「分數」，驅動孩子追求知識與學習的熱情。「自我探索」是青少年發展階段的生命重要課題，國中三年應該讓孩子有機會探索：「我是誰？」、「我可以做什麼？」、「我喜歡什麼？」唯有對自己了解足夠的青少年，才有辦法在選擇高中時做更適宜的判斷，並且不輕易放棄所選擇的路。

透過新的考試方式，家長應認識「適性揚才」的重要。換句話說，孩子想去的地方，就叫做第一志願。不是父母心中所想，更非依照分數排序的學校，讓孩子摸索並知道自己想要去的，叫做「適性」；讓孩子有能力去到他想去的，叫做「揚才」。許多父母都希望孩子能考上所謂的明星高中，但其實社區高中也可以提供很好的學習環境；此外，某些可以上公立高中的學生選擇高職就讀，因為他們知道自己的興趣所在，如餐飲、觀光、美容美髮等。換句話說，比升學更重要的是，如何讓每一間學校提供夠好的教育品質，讓老師具備更好的教學引導能力，讓學生的動機被啟發，使每個孩子都適才適所，可以找到舞台發光發亮，才是十二年國教接下來最關鍵、最根本的挑戰。

孩子的生涯該往哪個方向發展？基本上，還是要以「潛力」做為主要的考量。什麼叫做有潛力？如孩子文筆極佳，未來想成為作家；但若父母想要孩子當一名工程師，在孩子相對弱勢且興趣缺缺的領域，必定會充滿挫折和痛苦。因此，協助孩子找到合乎能力和興趣的生涯，是更重要的教養，而在找到孩子的天賦之前，父母要先確立以下三個正向態度：

1 **真誠接納天賦差異**：在不同智能因素的分配上，每個人大概都有一、兩項比較有潛力，多數孩子只要找到一個亮點，就有方向可以好好發揮，能夠擁有兩項才華就屬難得；至於十八般武藝樣樣皆行的孩子，終究不多。家長應真心接納孩子的天賦和極限，期待孩子掌握強項、好好發揮，並建立自信；其他項目只要盡力而為就好了。

2 **體認能力發展是漫長道路**：潛力跟能力不一樣，潛力指的是一個人能力發展的條件或傾向，孩子的潛力可以從智力測驗結果或者從日常觀察看出端倪；能力則指經由學習訓練所獲得，使個人完成有價值的目標的某種知識、技能或行為反應。故潛力若沒有經過後天的琢磨，很難成為能力；譬如，孩子有音樂天分，卻沒機會學音樂，或不肯持之以恆、用心學習，那他有可能成為音樂家，能演奏或當指揮嗎？當然不可能。任何能力的發展都是一條漫長的道路，父母要體認許多能力在開始學習時，乍看是突飛猛進；然而隨著時間推移，進展的速度有可能會匍匐前進。這時候，父母應多鼓勵孩子回顧過去達到的學習成就，孩子才有力量繼續前行。

3 **培養務實的自我肯定**：孩子成長過程中，最重要的就是培養對自我能力的肯定。學校的學習經驗，包括各項課業競賽的評比，會讓孩子認識自己的能力範圍；國、高中之後，每個人的能力分布輪廓更加清晰，孩子知道自己的強項在哪裡，適合往哪裡去；也清楚自己哪些能力較弱，便能夠坦然接受。

讓天賦發光除了對個人意義重大之外，了解、尊重潛能的個別差異，讓每個人發揮長才並引以為榮，也非常重要；例如一位優良的公車駕駛，除了必須善於操作大型車輛之外，還要樂於和人接觸，更重要的是他必須以自己的才能和職業為榮，而不是感嘆「我就是憨慢讀冊，才會在這裡做工。」期望家長能夠珍惜孩子的才能，尊重每一種職業，支持孩子適才發展。

教養現場朵朵小語

現代的考試中，考學生記憶性的題目比例日益減少，理解和分析則愈來愈重要，目的是希望培養出能思考、有自主學習能力的下一代。理解和分析就是一種生活的能力，因此，在學習的歷程中，應培養孩子廣泛閱讀、願意思考、學習思考的能力，孩子才能「言之有理」、「言之有據」，並真正活用所學。

Part 2

不要窮緊張！
與孩子共同磨合出新的價值觀

Be Open-minded

・教養point・ 親子的意見相左時，家長往往要求孩子聽自己的；然而，因雙方的生活經驗不同，彼此所累積的知識與想法也各不相同；在教養孩子的路上，父母應學習當良好的聆聽者，理解雙方的觀念並沒有絕對的對或錯；反之，不同的看法和價值觀，考驗的是親子之間的溝通和包容。

男生愛女生才正常 × 男生愛男生也很好

尊重多元，愛他就要接納他的性取向

不要忌諱與孩子談論同性之愛，世界上存在多種相愛的方式，刻意避談不代表不存在，應試著給孩子完整的性向教育。

家誠是就讀國中一年級的學生，他和媽媽的感情很要好，放學回到家，總是迫不及待地和媽媽分享今天發生的事。

「媽我跟你說，今天老師告訴全班，聖誕節要上台表演舞台劇——白雪公主。她今天要全班同學投票選出角色，結果幾乎全班男生都選阿嘉演白雪公主。」

「阿嘉？是女生嗎？」媽媽問。

「不是啊，但是班上同學常笑他是娘娘腔，故意選他當白雪公主，想要逼他穿高跟鞋和公主禮服。」

「阿嘉都沒有生氣或拒絕嗎？」

「不會啦！他的脾氣很好，知道大家是起鬨鬧著玩的，也就欣然接受演白雪公主，還作態學女生講話，搞得全班都哄堂大笑，到時候一定會演得很逗趣。」

「好噁哦！好好的男孩子硬要把自己弄得像女生一樣，走路姿態扭扭捏捏，講話嗲聲嗲氣，聽了就不舒服。」爸爸聽到兒子的話，發表了看法。

「其實，每個人都有不一樣的個性和想法，我們不該要求男生一定要很man，反而要懂得尊重不同族群的人，何況他的行為並沒有妨害到其他人。」媽媽盡量客觀地分析，因為她不希望兒子用有色眼光看待別人。

「其實阿嘉他好像真的是gay！」家誠絲毫不在乎地說。

「什麼！真噁心，你以後少跟他來往。」爸爸的反應很直接。

「你確定嗎？不確定的事不要亂講亂傳。」媽媽不希望家誠八卦別人的私事。

「是阿嘉自己跟我說的啦！我覺得這沒什麼啊！朋友之間本來就會互相分享喜歡的類型，只是剛好性向不同而已。」

「你該不會也喜歡男生吧！我可不許你亂來！」爸爸激動地說。

「我不是啦！但你可不可以不要反應這麼大，再怎麼說阿嘉也是我的朋友，我支持他喜歡男生，喜歡別人又沒有錯。」家誠幫阿嘉說話。

「那萬一阿嘉喜歡你怎麼辦？我都不敢想下去！」爸爸還是很反對兒子與阿嘉來往。

「你到底在胡說什麼，阿嘉跟我只是朋友啦！他有跟我說他喜歡的是隔壁班的一個男生，放心好嗎？」

「這很難講，總之你明知道他是gay，就應該離他遠一點！新聞不是也常常在報，同性情人很恐怖！」爸爸仍不放心。

「好了好了，你越講越誇張，新聞報的恐怖情人可不分同性還是異性，而且聽家誠說阿嘉是好脾氣又開朗活潑的人，我相信家誠他的朋友不會像你說得那麼可怕。」媽媽也站在兒子這一邊。

「反正我不管阿嘉是還不是，你不可以是gay就對了！」爸爸無法辯駁母子二人的說法，便丟下這句話後就不再說下去。

幾天後，媽媽收到一封電子郵件，她打開信件，發現這是透過網路轉寄的一份連署邀請。在這份連署內容裡，擷取了教育部給老師參考的性別平等教育的部分教材；這幾份教材不僅有露骨描述性愛的文字，對於同志婚姻、多元情慾的探索似乎採取全面接受的態度。

許多父母不敢相信，這類爭議性的內容，有可能在近期全面融入中小學課程中。為了阻擋這樣的課程進入中小學，以守護下一代幸福為號召的「真愛聯盟」發動了連署來反對此類課程，根據統計，已有超過十六萬人參與連署，包括臺北市教師會、臺北市國小學生家長聯合會等團體，也公開表示反對的立場。

看到這份連署的媽媽，也不禁擔心下一代若接受這些教育，是否會引起偏差行為或觀念，她雖然尊重不同族群的性向，但探討情慾的課程似乎不適合讓年紀還小的孩子們接觸。

於是，媽媽也參與了這一份連署，不只是她，許多父母也都選擇連署，愈來愈多人關注此事，也因此引起支持聲浪與反對聲浪的抗爭。父母的恐慌被貼上歧視的標籤，支持者則覺得不平等的法案等於同志被歧視，雙方各有道理，但究竟該如何教育下一代正確的性向教育，卻始終沒有定論。

對同性之愛越不了解就越害怕

關於同志議題的教養，父母不必像家誠的爸爸一樣，對同志充滿敵意，反而應教孩子學習尊重不同性向的人，用自然的心態與其交友，不帶有色眼光看待之。然而，關於故事中的連署，家長更擔心的反而是，孩子太早接觸到探討情慾的課程，其實，教材和電影都應該採分級制度，在孩子心智年齡發展趨於成熟時，再討論更多的細節較為合適。

釐清對性向的觀念

根據教育部的說法，「性別平等教育」共計有六十九項能力指標，其中與同志教育相關的指標只有兩項，而實施階段，從小五才開始。所以並非網路連署所說：孩子從七歲就會接觸到同志教育或多元情慾的內容。

這幾本給老師參考的教材並不是毒蛇猛獸，卻挑起了父母心底深處的憂慮恐懼。父母對孩子性教育的擔憂，早已經超過該不該認識同志的範圍；很多父母根本不知道在當前愈來愈混亂的「性」時代，該怎麼和孩子談性？更擔心孩子在外界混亂的引導中，是否會誤闖性愛禁區？會不會落入情慾陷阱？父母的擔憂不是沒有原因，孩子對性的觀念很容易受到下列事項而影響。

1 媒體的重口味報導：現存媒體中，將各種混亂的性觀念、性愛內容等，如洪水般湧進孩子的生活。打開電視，翻開報章雜誌，「國三女劈兩男，躲校廁互摸下體」之類的聳動標題天天可見；不倫外遇、小三劇情火紅，就連網站的性愛偷拍也到處流竄，情色內容更是無所不在；老師們感嘆，過去大家不敢談的性，現在每個人都可以毫不設防地暢談。唯一不敢跟孩子談性的，大概只剩下父母。

2 濫用科技：各式新興的科技產品，包含智慧型手機、網路、數位相機、攝影機等，淪為濫性工具。三不五時，就會傳出國中生偷嚐禁果，被同學用手機偷拍、po網分享等。

3 校園不安全：光是電視節目和報章雜誌，就足以把父母弄得神經緊繃。若看到衛生署的統計數據，想必會更加困擾，根據衛生署民國九十五年「國中健康行為調查」發現，近五成的國中男生及四成的女生曾接觸色情平面媒體、逾兩成曾與異性約會、約兩成曾有過性行為，其中僅六成避孕。由此可見，孩子愈來愈早熟、對性的觀念也愈加開放似乎已成趨勢。

4 性別角色交錯複雜：男女當街摟抱親吻已不稀奇，同性間的親密互動也因同志意識日漸強烈而愈來愈常見。在親子講座上，父母發問的不再是：「女兒交男朋友怎麼辦？」而是「兒子愛上男人怎麼辦？」男男戀、女女戀，這些性別角色複雜的情愛關係，已經超越許多父母的理解範圍，讓他們不知道該怎麼教育才好。

對多數的父母和教師而言，他們成長於區分清楚的兩性世界，但現在性別平等教育所主張的「性別多元」的價值、理念和內涵，是一種全新的論述和詮釋；家長不清楚、也不知道為何要認同這樣的價值觀，或需要認同到什麼樣的程度。當他們翻開這幾本有爭議的性別平等教材時，強烈感受到原本傳統的家庭價值被批判、否定，甚至是汙名化。

舉例來說，在《我們可以這樣教性別》這本教材的總論序言裡寫著：「教育工作者的視野以及專業知識需要不斷開闊，不能再用過去所學的那一套『父權文化下的傳統性別框框』，教導多元現代社會的孩子。」又如教材中的《性別平等社會的圖像》裡寫著：「如果這是一個性別平等的社會，則不管女人、男人、同性戀、異性戀、跨性別者走在路上皆無須擔心遭受異樣眼光，因為這會是個性別友善的空間和環境，也沒有人會強調『同性戀』這個詞，父權體制下的性別定義已消失，取而代之的是多元的社會。」

許多參與連署的家長會擔心，在這樣的論述前提下，他們強調的兩性觀念似乎變成了傳統、落後，甚至是一種需要被推翻的父權或霸權；若表達出不同觀點，很容易就被標籤化成「恐懼同志」和「性別霸凌」。在此，要為充滿疑慮的父母和師長們提出以下幾個重點：

第一，對多元性別有顧慮的父母≠恐懼同志。

第二，擔心多元性別影響孩子的父母≠基督徒或宗教分子。

第三，多元性別的議題≠標準、專業的知識體系。

第四，提早教育多元性別≠提早理解多元性別的內涵。

第五，將多元性別詮釋得詳盡確實≠最優良的教育方式。

第六，盼望多元性別能循序漸進的推廣≠全盤否定多元性別的存在。

第七，學者對於多元性別的敘述無論贊成或反對≠全面且普及的教材圭臬。

如果性別平等教育強調「尊重多元」，那麼選擇「傳統價值觀」的人，也屬於多元裡的一種。換句話說，如果性別平等的課程想呈現多元的觀點，應該教育孩子尊重不同的觀點，如：有人贊成同性婚姻、有人贊成異性婚姻，社會上存在正反意見，以及兩者以外的其他觀點，才是真的多元思考跟批判。

家長應該了解，健康教育的課本內容已不敷使用，現在的孩子需要更完整的性教育，完整的性教育有賴家庭和學校共同提供。

談性先從談心開始建立價值觀

在價值觀多元的時代，家長更要不吝與孩子討論自己與家庭的價值觀。而學校、教育行政系統，對於尊重不同家庭的信仰與價值體系，也要更敏感。例如看似開放的美國，其實各州或地區也有不同價值體系：有些州的宗教團體與價值觀比較強勢、有些州比較強調多元開放，因而粗略發展出兩種價值體系的性教育：一種是「全面式」的性教育，從幼稚園開始，就會有一套完整詳細的性教育，完整陳述各種性議題與安全性行為的教導；另一種性教育體系，則強調婚前守貞，不教導、不鼓勵婚前性行為。

學校可提醒父母了解不同區域所採取的課程，並根據家庭的價值觀，對孩子做必要、補充的教導。家長有教養權，當學校教育的內容與家庭的價值觀有很大的衝突時，父母一方面要跟孩子討論自己的價值觀，一方面也要跟老師溝通並表達自己的想法。

同性戀議題仍是一個充滿爭議的多元議題，即使是看似開放的美國，但孩子若要去同志家庭作客，學校也會先通知家長，由家長決定孩子是否可以去，此舉是為了尊重家長的意見，並預先與孩子討論不同家庭模式的存在和價值觀之差異。

適時、適量、適當的性教育

此次同志教育課綱與教材的爭議，最容易激起家長、教師共同疑慮的部分，不是「該不該教」，而是「教什麼」以及「怎麼教」。教育部發給全國各校的《認識同志教育資源手冊》內容談論到關於「要積極教導學生如何正確使用保險套、指套、製作口交膜」等相關細節，引發了諸多疑慮和討論。

性別平等教材應效法電視節目和電影採取分級制度，原因在於有些訊息和劇情會妨礙孩子的身心發展。在國中小階段，孩子的認知發展、判斷能力、情緒管理，是否已足夠成熟、穩定到能理解這些教材的內容？這些疑慮都需要在編訂性別教育課程時，做更多的研究與討論，才能讓父母安心。

所有的教導，都應以受教者（兒童或青少年）的身心發展階段為考量。以香港為例，其性教育學習期望與目標中，很清楚地劃分不同階段的教導重點；先讓少年及兒童認識自己生理與心理的變化、認識兩性的關係，並學會「以理性的態度，控制和處理自己的性衝動」；接著，才會進入到性別平等教育，包含認識不同性取向和生活方式；同時要「正確認識性行為、避孕和生命莊嚴的關係」。

參與編寫臺灣性別平等教材的教授，看到社會大眾將教材中的少數細節放大，使其造成爭議與指控而感到不平；他們也理性回應，到底該教些什麼，在目前社會沒有共識的情況下，值得再討論。而面對具有爭議性、整體社會尚未有共識的價值辯論裡，教育體系更應該要謹慎作為，邀請各方意見代表與價值主張者，進行更細膩地討論和研究；而非任意將教材內容外包，缺乏監督與把關的機制。孩子在青春期的同時，也將展開自我的追尋歷程，以及對自我的認同、人際關係的探求、未來人生的想像和思索。因此，完整的性教育不僅是身體的教育，更應該是情感與生命的教育。

凡事都為下一代著想

性別教育以廣義來說即為生命教育，生命教育包括人權、性別平等教育、性教育。如果老師只教半套，只著重在多元情慾的探索，卻沒教身體的自主、責任、法律、感情等相關內容，反而會使教育變質。在這次的性別平等教育教學指引裡，出現「墮胎是一項合理、合法的選擇」一語，單就法律來說，這個說法已違反目前臺灣的《優生保健法》規定。顯見在制訂教材和教學指引的過程中，缺乏周全的衡量與統整的思考。教育是一種選擇，不僅是價值觀的選擇，也是優先順序、輕重緩急的選擇；故在尊重彼此的前提下，也應以孩子的健全發展為考量。

與其避而不談，不如正確認識同志

早期多數人認為同性戀者是一種疾病，對同志的歧視也延續至今，但隨著人類臨床醫學的進步及對同性戀問題研究的深入，漸漸發現同性戀者不是「異常人」，他們與常人無異，就如人群中會有一定比例的左撇子一樣。因此，家長在教養上，也應灌輸同志與常人無異的觀念，以免具備同志身分的孩子遭受異樣眼光。

一九九〇年，世界衛生組織把同性戀從公認的精神病名單中去掉；一九九八年，美國心理學會和美國精神病學會公開聲明，反對同性戀轉變為異性戀的治療。換句話說，同性戀不是選擇的結果，父母不能轉變孩子的想法和性取向。

同志運動的興起

孩子在青春期的時候，對於自我的性向也漸漸明朗，但外在的眼光，容易使其遭到誤解和歧視，所以父母可試著善用實例，幫助孩子找到自我認同，也讓不能理解的家長和其他孩子學習包容這個世界的不一樣。二〇一三年，美國最大的反同性戀團體正式宣佈解散。這個宗教團體多年來一直宣傳「信仰拯救同性戀者」，其領導者自稱是成功的案例，他娶了妻子，並四處講學，宣揚「同性戀可以治癒」。但最終他坦白自己依然喜歡男人，一場謊言就此被拆解。

幾天後，美國最高法院終於撤銷了聯邦同性婚姻禁令，意味著美國從此獲得了同志婚姻合法化的理論依據。從那時起，聯邦政府不可以再拒絕承認同性婚姻。跨國同性伴侶也可為彼此申請美國綠卡。那一天，白宮門前的草坪上，滿是慶祝的人群，人們撐起一面巨大的彩虹旗，意味著世界本就不只有一種顏色，而是五彩繽紛的，「彩虹」也成為同志們自我標榜的圖騰。

近二十年來，同性戀合法化運動取得許多進展，很多同志揚眉吐氣，終於戰勝了捆綁在身上的道德枷鎖。更多與同性戀相關的文學、影視作品相繼出現，種種事件說明，世界正在發生一些不可阻擋的變化。

鼓起勇氣宣佈出櫃

二〇一四年，在香港舉行的LGBT（男、女同性戀者以及雙性戀者和跨性別者）大遊行，有近萬人參加，且人數比去年多了一倍。這個現象除了顯示愈來愈多人不吝表明同志身分外，遊行的不全是同性戀者，不少異性戀者也積極參與。他們大多是同性戀者的親友，其中不乏同志的父母，他們從最初的「迫害者」，變成了「聲援者」；以前擔心同志兒女讓自己丟臉，現在欲與子女一起爭取平等之愛的權利，此舉意味著理解與包容的萌芽。

同志親子中，有非常多感人的故事，其中一位母親就曾在部落格發表自己支持孩子的心路歷程：

「孩子在我眼裡，仍然和過去一樣健康正常、優秀聰明。經過兩年多的學習和溝通，我終於清楚地知道：孩子沒有錯，我也沒有錯，我們都是大自然造就的，不需要改變，也不需要都和異性戀一樣結婚生孩子，只需要按照自己的心願，和自己喜歡的人生活、享受情感的溫暖。我有些坦然，心情完全不一樣了，也不再胡思亂想。我想告訴兒子：我支持你！你可以按照自己的想法生活！」

事實上，同性戀問題的本質是人權問題，關乎社會對個人的寬容和尊重。這問題不僅與國家法律制度相關，與傳統文化、社會包容度等因素有關。無論是社會還是家庭，你是否足夠尊重個人的選擇？面對同性戀子女，你是選擇理解還是施以苛責？你是否給孩子足夠的空間？是否有足夠的公共機構，來幫助這群擁有不同性取向的人？

過去，很多同性戀子女選擇「隱形」，努力至今，才漸漸有愈來愈多人展現他們真實的面目。許多公眾人物也選擇公開出櫃，以示自己對同志身分的無所畏懼和驕傲，如蘋果（Apple）執行長庫克（Tim Cook）的性向常引起討論，儘管同志身分幾乎是公開的祕密，但本人卻不曾公開討論此事。

直至二〇一四年，庫克在美國《彭博商業周刊》發表專文正式出櫃，驕傲表明自己的同性戀者身分。

庫克表示，雖然自己從未否認，卻也不曾公開承認自己是同志。他說：「我今天要把事情說清楚，我很驕傲身為同志，我認為身為同志是上帝給我的最大恩賜。」他更進一步說明，身為同志讓他可以更深刻地了解到身處少數族群的意義，有機會能夠一窺其他身處少數族群的人每天所面臨的挑戰，讓他更具同理心，迎向更豐富的人生。

同志面臨的為難處境

雖然同志族群奮力爭取人權，但打壓依然是有增無減，現實社會對同性戀者的寬容度不夠，普羅大眾也還是難以接受同性之愛，因此醜化、矮化同性戀者的文藝作品並不少見。

一位自詡開明的媒體人就曾表示，「他們偷偷搞同性戀我不反對，為何要上街遊行呢？」顯然，在他「不反對」的背後，沒有意識到自己的偏見，內心甚至認定同性之愛是醜惡的，只能偷偷進行。

同性戀者之所以上街遊行，就是要證明：愛一個人不是醜惡的事，這是身而為人的平等權利。為了讓孩子都能獲得平等的愛，父母不能只依循刻板印象，強化異性戀才是「天性」，畢竟孩子不會生來就知道「同志」是什麼。因此，當孩子並不那麼符合傳統性別角色的期待時，家長更不該「為了孩子好」、「為了適應社會眼光」，而壓抑、扭曲孩子的天性。

教養現場朵朵小語

很多時候我們無法阻止自己喜歡上誰，如同父母對孩子的愛是一種天性，不是一種選擇；反之，為人父母也不應該抑制孩子對愛的天性，順性發展才是教養的原則，刻意禁止和剝奪愛的權利，反而讓彼此因不諒解而受傷害。

有父母的家庭才完整╳兩個爸爸的家庭也很酷

兩個爸爸組家庭，能給孩子更獨特的愛

共組家庭是一件幸福美好的事，這代表情侶對未來有共識，並在互愛互信的心態下步入家庭，以往大家對情侶的認知為一夫一妻，但如果在彼此相愛、共度困難的前提下，兩個爸爸或兩個媽媽共組家庭是否能給孩子更獨特的愛呢？

在子逸的臉書相簿裡，滿是他和同志愛侶以及兒子樂樂的成長照片，照片裡，樂樂總是擠眉弄眼、扮著鬼臉向鏡頭大笑，表情純真而滿足，身後的兩個爸爸寵溺地抱著他，幸福而溫暖。十年前，子逸與傑克獲得了他們的小孩樂樂，回想起這趟成家之路實屬不易。

回溯十九年前，來自臺灣的子逸和來自美國的傑克在芝加哥第一次約會。初次見面，傑克便直接了當地問：「你想不想要有小孩？」

這個直接的問題讓子逸嚇了一跳，他坦言：「我年輕時也曾幻想自己能當個帥氣的爸爸，但意識到自己是個同志後，就放棄這個夢想了。」

傑克的問題並不是試探或幻想，他們在一起六年多後，子逸覺得自己「準備好了」，才開始踏出擁有小孩的第一步。

同志要成為家長並不是理所當然的人生選項，他們在成為家長前，心裡必須做很多審視和準備，其中一項，就是出櫃。

子逸今年五十歲，出生在一個大家庭，他是老么，上有六個哥哥和兩個姊姊。和傑克交往一年多後，考慮向家裡坦誠出櫃，並一起回臺灣見父母。於是，他寫了一封萬言家書，內容包括關於同志的知識以及自己的認同歷程。他先寄給哥哥姊姊們，兄姊們開了家庭會議後，考量父母年事已高，實在不能受此打擊，於是，回臺灣時，他只能介紹傑克為室友。

不過，母親當然不是省油的燈，她似乎看出兩人關係，在子逸返美前，母親將他拉到房間內，什麼話都沒說，卻哭了一場。最後，母親以自己的方式理解了子逸，她向父親說：「兒子和傑克是不結婚的怪人，但會彼此照顧一輩子。」

一九九七年，美國還無任何一州通過同性婚姻，但相愛的子逸和傑克還是歡天喜地地穿上白紗，辦了一場婚禮，婚後還去了夏威夷度蜜月，一切與異性戀婚姻無異。

然而，兩個爸爸組成家庭後，也想擁有自己的小孩，他們本來想去中國領養，然而中國政府不允許同性伴侶申請領養，他們只好把希望轉回美國，但在尚未承認同性合法關係的當年，申請領養也是困難重重。

最後，他們決定找代理孕母，幸運的是，傑克的妹妹表示支持，並願意當代理孕母，出借肚皮，以子逸的精子和傑克妹妹的卵子結合，小孩便能夠擁有兩個爸爸的基因。二〇〇三年，孩子出生後，命名為樂樂，本意是希望能和兩個爸爸快快樂樂地一起生活，但兩位父親要獲得親權認定的過程還是很坎坷。

樂樂出生後，醫院立刻認定傑克的妹妹為小孩的媽媽，她唯一能為兩個爸爸做的就是宣稱小孩為私生子，否則妹妹的丈夫會被視為生父；之後再透過法律程序讓子逸「成為」父親，傑克的妹妹則主動拋棄撫養權，傑克再以共同家長的身分提出領養。一連串令人暈頭轉向的取消、審查、辦理後，還有一項挑戰是更改出生證明，樂樂的出生地從來沒有遇過嬰兒出生紙上列名兩個爸爸，而沒有媽媽的前例，子逸和傑克為此特別聘雇律師處理，所幸沒受到刁難，他們的成家之路終於踏上起點。後來，隨著美國逐步通過同志婚姻，兩人也於紐約完成合法的婚姻註冊。

法律的認定之戰結束後，教養之路才要開始。子逸和傑克的教育原則是完全誠實、完全坦然的，他們不設定小孩幾歲才能知道什麼事，而是從小就以家庭相簿告訴他出生的故事。

他們的故事曾引發記者訪問，記者問樂樂：「兩個爸爸的家庭和其他家庭有什麼不一樣？」樂樂愣住答不出來。

顯然，如果他的世界裡一直以來只有兩個父親，他當然無從知道差異為何，小孩就如同一張白紙，歧視和偏見都是後天學來的。

同志家庭和異性家庭到底有什麼不一樣？追根究底，其實是源自這個社會的心態如何，異性戀夫妻生小孩後，從國家提供的社福津貼到親友家人給予的祝福關懷，各方面都在支撐鼓舞「異性戀家庭」內的生命誕生。

反之，同一件事在同志家庭卻成了飽受歧視的難題。面對這樣的困境，子逸與傑克選擇憑自己的力量打造適合樂樂生長的環境。作為家長，他們認為同志家庭也應得到尊重，他們從保母、家庭醫師、托兒所、小學，都經過謹慎的評估和選擇，避免兒子遭受他人歧視。

此外，他們以自然不扭捏的態度，將孩子介紹給鄰居、親朋好友，甚至在幼稚園的親子說故事時間，自己帶著繪本講述多元家庭的故事。同時，他們也樂於被採訪，分享自身的成家故事，並經常讓樂樂介紹自己的家庭。

樂樂出生的時候，兩個爸爸寫下對孩子的期待，包含聰明、有創造力、有勇氣、幽默、堅強、會多種語言、熱情、喜歡助人、對多元文化的出身感到自傲等，他們也認為今年就讀國中的樂樂，幾乎做到了他們的期許。樂樂與一般處於青春期的孩子沒有太大不同，甚至彈得一手好鋼琴，面對採訪表現羞怯，但肯定的是，在兩個爸爸的家庭中，他感到非常幸福和快樂。

無論孩子支持或反對，重點是思考

從他們的故事中，可知在男同志的世界裡，「生一個小孩」牽涉的不僅是醫療科技，更必須挑戰法律，抗辯倫理。

在臺灣，代理孕母並不合法，同志伴侶也不能領養小孩，這意味著一對本土男同志若希望能生養小孩，唯一之途就是出國找代理孕母，這樣的成家之路不僅有一定門檻，代價更為高昂。因此，誰能成家，誰有資格成家？值得進一步去思考。

案例中的子逸和傑克相知相愛多年，想要步入家庭、擁有小孩，卻不受到任何法律的認同和保障，甚至被社會大眾認為他們不適合養育。然而，站在教養的角度，孩子需要的是能理解兒女特長、善於陪伴、引發天賦的人，而不僅僅是一男一女和小孩組成的家庭。

實際檢驗了許多同性戀家庭和異性戀家庭上的可能差異，無論是在同性戀家庭或是在異性戀家庭成長的孩子，他們有相似的身心健康與能力表現。而同性戀家庭孩子在情緒功能、認知功能、性別認同、性取向偏好、行為調節等面向上也與異性戀家庭孩子無異。甚至在同性戀家庭成長的小孩享有更高品質的親子關係。

雖然有這麼多的證據說明同性戀家庭或異性戀家庭成長的青少年其實在各方面沒有什麼差異，但同性戀家庭成長的小孩確實會遇到比較多關於社會觀感的問題。然而，根據觀察，這些同性戀家庭長大的青少年們反而有較好的抗壓性面對壓力和敵意。

簡單來說，這些孩子不但沒有因為不友善的眼光而就此一蹶不振，反而勇敢地挺起胸膛且更堅強地面對問題。

同志家庭的教養挑戰

同志家庭在臺灣並不多見，因此被稱為少數中的少數，而同志家長在教育兒女時，都曾擔心自己的性向對孩子的影響，最常見的就是「孩子會不會被他週遭的人歧視？」

美國的女同志泰莉和同性伴侶的小孩即遇到這樣的問題，她們在美國採用匿名捐精者的精子，以人工受孕的方式而獲得孩子。為了保護孩子不受外界歧視，慎選學校環境和老師，並給他多元的教育，這對同志家長想要證明，在同志家庭長大的孩子也可以很優秀，而他們的孩子不僅善良、聰明、自信，並兼具作家、演說家和創業者的身分可謂成就非凡。

除了知識和才藝的栽培，陳子良和伴侶更期許孩子有兼容並蓄的包容心，能夠不隨意歧視特殊或弱勢族群。

根據上述所言，同志家長最擔心的是孩子遭受歧視的問題，因此在幫孩子選擇校園環境時，可先了解該校的教學方針和風格，如思想較開放的加州有許多尊重多元的托兒所和其他學校，他們在在家長欄的資料上，是以「家長一」與「家長二」孩子的監護人，而不是預設的父母稱呼；孩子的同學裡，有許多人是同時擁有兩個媽媽或兩個爸爸，這些學童從小見識到各種不同形態的家庭，大家不足為奇互相尊重，就沒有所謂「歧視」不同的問題，也自然學會接納及欣賞個體的不同。

一般孩子的父母無法想像同性婚姻的架構，進而恐懼或排斥不熟悉的人事物，但世界之大，無奇不有，不認同並不代表不存在，而身為父母更應該是反如何以開放的心胸去面對造成恐懼的人事物。站在對方的立場著想，並要求孩子思考自己會希望怎麼被對待？引導孩子用「仁愛」及「同理心」的角度去包容與自己不同的生活模式。

教孩子認同每個人的獨特性

由於臺灣不允許同志家庭的存在，因此在校園環境中，兒女很少會接觸到同志家庭的小孩，但是，幾乎每個班上，都存在一種以上的家庭模式，例如單親家庭、隔代教養家庭等。

孩子來自不同的家庭、被不同的父母或長輩教育，形成的個性也會因人而異，因此，教孩子認同每個人有其獨特性是很重要的觀念，每個人成長的環境和際遇本身就有很大的變異性，因此沒有誰比誰更優越的問題。

孩子本就應該學習尊重與自己不同的族群，無論是性向不同或是家庭環境的差異，而最直接的教養方式就是父母的身教。無論是面對同志、同志家庭或同志伴侶的小孩，家長若能用稀鬆平常的態度與其自在相處，並欣賞每個人身上不同的特質，孩子在無形中也會模仿爸媽的待人處事，以平等的態度看待每個人。

無論孩子跟誰交往、做朋友，態度都必須真誠有禮，並懂得欣賞對方的個性，而不是以性向區分對待的態度或方式，故孩子應一視同仁地對待每個人。

接納不一樣，最需要同理心

青春期的孩子除了生理上漸漸成熟之外，也會有更複雜的感情心理，不可否認的是，不同的孩子當中，並非每一個人都擁有一樣的性取向，身為家長都不希望孩子因為天生與人不同的性取向，而落入弱勢族群當中，甚至遭受他人異樣眼光或歧視。因此，進一步探討同志伴侶爭取婚姻和孕育下一代的議題，也是給青少年的必要教育。

包容多元，心胸更寬廣

雖然現在的社會大眾還無法全面接受同志婚姻和同志家庭的存在，但是家長不妨提出來讓孩子思考其可行性，包含為了能讓千秋萬代之後的子女能共同享有婚姻的保障和幸福，是否值得推動同志婚姻？子女的利益是否只有一夫一妻的婚姻制度才能給予？丟出問題的時候，無論孩子的想法是什麼，都沒有一定的正確答案，但家長必須告訴孩子，懂得接納和包容不同族群，是難得的胸襟。

即使孩子持反對立場，也應讓孩子試著理解同志們的難處和面臨的壓力，如社會觀感、單方面的歧視、不平等的法律保障等，讓孩子從同理他人的角度出發。

同志的議題、婚姻的價值、情感的學習、家庭對人的影響等問題，都應該給孩子基本的觀念。即使家長避開不談，孩子也會透過新聞媒體、電視電影劇情、網路傳言等去揣測和思考這些事，但他得到的訊息可能有很多的誇大和偏差。父母不妨選擇合適的文章、故事或電影，和青春期的孩子就各種議題做深入的討論，父母愈正面愈坦誠，孩子就愈能在這個過程重新去思考很多行為背後的價值，什麼才是真正對他的人生有益的。

輕鬆看待孩子的性向

故事中的子逸曾試著想告訴家人自己的性向，但最終仍考量父母的接受度而作罷，而現代的青少年遇到性向問題時，經常出現「我是正常的嗎？」、「別人會不會看不起我？」、「我的心事可以跟誰傾訴呢？」

青春期的孩子，還不清楚他們到底是哪一種性向；但無論如何，性向是個人隱私，旁人沒有批評的權利，但實際上並非這般單純和自由，如果在學校大膽公開同性戀傾向，青少年難保不被鄙視、嘲笑和侮辱。因此，孩子們最需要的是父母的諒解和關心。

所以，當你的孩子有同性戀傾向時，應該讓他們了解，只要正常交往，無論怎樣的性別取向，爸媽都能包容。九到十二歲的孩子，通常會有極明顯的同性戀傾向，如果父母不了解，卻施以精神上的反對壓力，對青春期的孩子是有害而無益的。

同性戀的孩子和普通孩子沒有外表的差異，社會必須要接受的是，同性戀是隱私的一部份，絕不是精神疾病，更不可以強行改變他們的性傾向，這是不公平且不合理的要求，同性戀不是遺傳問題，更與兒時的成長環境無關，古往今來有許多同性戀者，古希臘時代，成人男子的愛戀，即被視為常事。

目前社會大眾，對同性戀者仍存有不承認和排斥的偏見，實際上同性戀者對社會的貢獻很多，可見他們的天生性向，並不會影響到個人的成就。

親子共同學習性向教育

即使研究顯示同性戀為天生，但仍然有許多父母無法接受，甚至在教養中試圖扭轉這項天性，曾有一名十六歲少年因為與學長過從甚密，而被父母要求就醫檢查，進一步了解後，才發現該少年其實從國小六年級就有欣賞同性的傾向，國中時雖然曾經短暫交往女友，但最終仍喜歡與同性互相愛戀的感覺。面對類似的情形，家長不應過度反應，以免破壞親子間的情誼。

1. 若家長發現子女仍於混淆摸索階段時，勿過度驚慌或亂貼標籤（如：會扯上愛滋病等），批評與責難只會給他們更大壓力，再加上青春期的叛逆，會讓認同更艱難。可試著採取態度開放、同理接納與不預設立場，協助他們一起面對，並耐心陪伴。
2. 若青少年的性別認同或性取向已較為明確時，可藉由專業人員意見，提供家人訊息及管道（如：同志成長團體等），讓家長能進一步了解並作適當溝通。
3. 身為父母無須自責或懊惱孩子的性向與一般人不同，更不要認為這是大人的責任，甚至期待借助醫療「變正常」。目前學界已瞭解到性別認同與性取向很難改變，這些青少年也容易因為飽受輿論壓力與折磨，出現情緒欠穩甚至企圖自殺的情形。治療主要在於協助他（她）以自己所認同的性別或性取向適應生活，調適其心理與社會壓力所引發的情緒反應，而不是改變他們的同性戀性向，或是企圖更換「腦袋」來迎合生理性別。

教養現場朵朵小語

組成家庭的方式有很多種，有單親家庭、祖父母家庭，也有領養家庭，每個家庭都仰賴家庭成員努力經營，並受到保護不被歧視，也應該受到同等的尊重和包容。

拿香拜拜是傳統 ✕ 拿聖經是我的選擇

宗教共存靠尊重，拜拜和禱告不衝突

宗教信仰是個人的選擇和精神依賴，信仰雖不需要他人的認可，但只要懂得互相尊重，傳統文化和宗教就不會有衝突。

小敏生長在傳統的家庭中，客廳擺了一張神明桌，供奉祖先牌位和土地公，逢年過節，媽媽總是忙進忙出準備拜拜，舉凡元宵、端午、中秋、年節等日子，供桌上總是擺滿佳餚和水果，以及一疊金紙。

小敏從小就很喜歡過節，因為平常家裡不讓她吃零食，但每逢節日，媽媽就會買很多餅乾糖果作為供品，拿香拜完後，小敏就可以拿來吃。

家住南投山區的小敏，高中時遠赴新竹住校念書，離家在外，就算搭車回去也要三、四小時的車程，加上假日可能有社團活動或要準備考試，所以除非家中有要事必須回去，否則小敏通常是逢年過節放假較多天時，才會回家一趟。由於回去的次數不多，平時小敏有空時，會和室友相約去逛街、吃飯。某一天，班上同學馨慧約她去教會，小敏一方面為了打發閒暇時間，一方面是對基督教有點好奇，便與馨慧相約星期日的時候去教會看看。

到了教會後，馨慧帶著小敏認識教會裡的人，原來馨慧從小生長在基督教家庭，對教會裡的弟兄姊妹都很熟悉，雖然教會裡的人是初次看到小敏，但都對她非常親切，讓小敏感受到除了家庭之外的溫暖。

馨慧和小敏在教堂中找了位置坐下來，位置前面擺著聖經，小敏便隨意拿起來翻閱，接著有牧師到講台上主持，他在台上分享信主的故事，也和大家介紹新來的小敏，接著大家一起唱聖歌並以禱告作結，結束後，馨慧約小敏到家裡吃飯，馨慧的父母熱情地招待小敏，並在她回宿舍前，送了一本聖經給她，相約她下禮拜再來教會。

回到宿舍的小敏打了通電話回家，電話裡，媽媽叮囑她記得吃飽穿暖，小敏也分享今天去教會的情形，並覺得那裡像一個大家庭，讓人感覺很溫馨。

「多認識朋友是好事，但是與人交往還是要多注意，要小心安全，照顧好自己，知道嗎？」媽媽認為上教會無礙，但還是關心的囑咐幾句。

「好啦！我知道，我下禮拜會再去，有馨慧照顧我，很安全的啦！」小敏回答。

掛上電話後，小敏打開聖經，不看則已，一看不可收拾，她對聖經中的故事相當著迷，闔上聖經後，才發現已經半夜十二點了，她趕緊上床就寢，但腦子裡卻不禁期待下禮拜的教會活動。

之後，小敏偶爾會上教會做禮拜，升上高三後，課業壓力變重，又面臨考大學選科系的生涯抉擇，精神上更需要寄託，所以她幾乎每周都會固定去教會，因為教會能帶給她安定感，也是讓她放鬆、充電的場所，持續一段時間後，她便正式受洗成為基督徒。

寒假的時候，小敏回到南投家中，全家看到她回來都很開心，爸媽一大早就去買菜，打算煮一桌女兒最愛吃的飯菜，一解她思鄉之苦。

晚餐時分，全家圍聚在餐桌前準備開動時，小敏突然說她要先禱告，只見她閉上眼睛、低著頭，嘴巴念念有詞約十多秒後，她才拿起筷子夾菜來吃。爸媽之前就有在電話中聽小敏說自己已經受洗成為基督徒，但沒有接觸過基督教的父母也不知道基督徒在吃飯前要先禱告，雖然有點不習慣，但他們也尊重女兒的信仰。

過沒幾天，年節將至，爸媽都忙著採買圍爐和拜拜的用品，家裡忙著大掃除，小敏也幫忙媽媽做家事、貼春聯，並準備圍爐的晚餐，菜餚準備好之後，爸爸點香準備拜拜，他把香分別遞給媽媽、兩個兒子和小敏。

「我是基督徒，不能拿香拜拜。」小敏面有難色地說道。

「祭拜祖先是家裡從小到大的傳統，就算你是基督徒也要拿香拜拜，才表示妳心存敬意啊！」爸爸再度把香遞給小敏，希望她能遵照傳統儀式。

「聖經說我們不崇拜偶像、不要跪拜，當然也不拿香，所以我……」

「我不管聖經說什麼，拿香拜拜是一直以來的傳統，怎能捨棄！」爸爸忍不住提高聲量。

「大過年的說話不要那麼大聲，趕快拜一拜就要圍爐吃飯了。」一旁的媽媽出來打圓場，她順手接過要遞給小敏的香，不勉強女兒拿香祭拜，爸爸也不願破壞過年的團圓氣氛，便不再多說什麼。

事後，爸爸對於不拿香的小敏還是頗有微詞，爸爸甚至覺得不拿香拜拜是極為不孝的行為，所以他多次勸小敏就算信仰基督，也要懂得要折衷變通，但女兒對信仰很堅定，堅持基督徒不能拿香拜拜。

「祭拜祖先天經地義，難道以後我們入土為安，妳也不願拿香拜我們，耶穌沒教妳如何盡孝道嗎？」爸爸屢次勸說未果，忍不住大動肝火。

小敏委屈地落下眼淚，她內心並沒有不孝的意思，只不過她的信仰原則不允許她這麼做。媽媽的態度比較開放，不願意勉強小敏，也不想為了這件事情與女兒起衝突，但是家中有兩個宗教，似乎很難和平共存。

相互尊重，儀式不會比愛更重要

每個宗教有不同敬拜的方式，不一定要以拿香的方式敬拜，才叫做孝順，孝順應表現在生活中的點點滴滴，而非在儀式上完全順從與配合。個案中的爸爸正因對基督教不了解，才產生對女兒的不諒解。基督教、天主教、回教等，都屬於一神論信仰的宗教，即除了自身的宗教認定之神，對其他的神祇是絕不拿香祭拜的。所以，篤信基督教的女兒不拿香，並不表示不孝順。

充分溝通，適度讓步

若爸爸強行逼迫小敏以傳統形式過節，在女兒心中會產生很大的衝突與抗拒，畢竟就讀高三的孩子，無論在年齡和思想上，都幾乎與成人無異，有獨立的思考和生活方式，互不妥協反而容易讓親子關係緊張。爸爸如果希望女兒也可以紀念祖先，表達晚輩對先人的孝心，除了容許讓女兒免去某些尷尬的儀式外，也許可以嘗試不同的方式。

例如在祭拜的時候，合併基督教的信仰方式共同紀念之，拿香拜拜後，另撥出一些時間給女兒，讓她單獨虔誠為祖先禱告，這樣一來小敏也能以自己的信仰來表達孝心。此外，年節當中，除了有神祇的保佑，也有主的祝福，讓祭拜顯得更隆重。

父母也要讓信仰基督教的孩子做好心理準備，畢竟傳統的臺灣家庭，有敬祖的習俗，必須互相體諒、尊敬與包容。尤其年節祭祖主要是表達對祖先的思念與孝道，主角是祖先，當然是以傳統的儀式進行。

臺灣著名的原住民歌手張震嶽曾在幫母親辦後事時，遇到宗教衝突的問題，本身是虔誠基督徒的他，在母親走後，要為媽媽挑選遺照，家人決定挑一張媽媽戴著阿美族花帽、笑容甜美的照片，伴她走完最後一程。

此時，一位遠房牧師親戚卻說不行，因為就基督教某些教派來說，傳統的阿美族文化等於違背教義，於是牧師認為必須撤換照片，但在家人簡短的討論後，依舊維持原來的想法不進行更換。

原因很簡單，張震嶽認為媽媽生前雖然是虔誠的信徒，但也熱衷傳統文化，以穿著傳統服飾的照片讓親友見最後一面，相當符合媽媽的信念，張震嶽相信上帝對這件事不會介懷，何況媽媽在親友之中不僅愛護傳統，也敬愛著主，放這張照片並不為過！

「讓媽媽快樂最重要。」張震嶽不僅表達了這個想法，還引用教會裡的大哥說的話：「信仰是你跟上帝之間的事，根本和旁人無關。」

是的，太在意形式，只是外在的表現，和內在無關。

減少親子衝突，用心維護彼此的信仰

除了與家人積極溝通之外，孝順其實可以從日常生活中的行為舉止表現出來，如主動幫忙參與祭拜工作，做家事、貼春聯，甚至幫忙準備拜拜用的牲禮祭品等等，這些都是基督徒可以傳達孝心的方式。

父母要注意的是，除了傾聽、同理雙方的想法與感受外，為了最心愛的家人，找出共同交集並擴大共通點，才能減少衝突與對立。例如父親在年節祭拜中，重視的是想表達對祖先的孝心與思念，要思考如何擴大這樣的共通點，而不是一直執著在儀式上打轉。

擴大共通點，才不會落入鑽牛角尖的死胡同中，如同以前的佛教徒必須吃全素，但近年來因地制宜，有些佛教徒是吃方便素或奶蛋素，無論如何，吃素是外在的形式，並不與心中所信仰的佛教相互衝突。

教養現場 朵朵小語

宗教派別的存在雖然很多，但其共通點不外乎為一種精神上的寄託，和心靈脆弱時的依靠，也是一股支撐信徒的力量。因此，對個人來說，信仰是不可或缺的存在，故看待他人的信仰應存有敬重、包容的心，不任意批判自己所不熟知的領域和宗教，才能促使不同的宗教和平共存。

不可以交網友╳為什麼不可以

擇友重原則，交網友沒有想像中危險

時代不同，孩子的朋友除了來自班級，也可能來自網路，而無論是現實中或網路上都必須慎選朋友，只要心中有一把尺，未必要嚴厲禁止孩子交網友。

就讀國中的智凱，平時最喜歡約班上同學一起玩線上遊戲，他和三五好友經常在遊戲裡結隊打怪，他們不僅在遊戲中合作無間地打怪、拿寶物，甚至在臉書成立社團，將打怪的心得和遊戲發生的趣事上傳到網路上。

原本這個社團只是為了聯絡同學間的感情而成立，沒想到班上愈來愈多同學也加入社團，他們時常更新遊戲時的畫面，讓大家一起參與討論。

智凱的媽媽深知網路容易讓孩子沉迷其中，所以她暫時不讓兒子使用智慧型手機和平板電腦，而她雖然也不喜歡兒子接觸線上遊戲，但是她知道現在很多同年齡的朋友都在玩，難以嚴格禁止，便和智凱約法三章，平日要專心課業，所以只能在假日的時候才可以使用電腦。

此外，媽媽也擔心電腦若放在智凱房間會讓兒子分心，便把電腦放在客廳，當兒子使用電腦時，她可以隨時注意兒子在瀏覽哪些網頁和網站，觀察了一陣子後，她發現兒子多數時間都用來玩線上遊戲，偶爾會更新臉書的內容，或是上網查遊戲攻略，頂多看一些搞笑影片、瀏覽網路新聞或以吃喝玩樂為主的部落格，除此之外沒有特別之處，智凱也都有遵守和媽媽的約定，只在假日的時候使用電腦。

暑假期間，媽媽放寬規定，只要智凱每天按時完成暑假作業的進度，平日可以使用兩小時的電腦。原本智凱都是和班上同學相約在假日一起打怪，但放暑假後，天天都可以玩遊戲，因此他在常玩的線上遊戲中，認識了幾位素未謀面的玩家，有的玩家和他同齡，有的則是高中生或上班族，玩家當中有男有女，在遊戲群組中，大家常常一起聊天，除了聊遊戲，也分享生活瑣事，雖然彼此只以暱稱相互稱呼，但整個群組的感情卻很融洽。

媽媽曾聽智凱說在遊戲裡交了幾個網友，也常聽智凱講他們之間的趣事，雖然她有點擔心兒子交到品行不佳的網友，但智凱與網友的互動似乎僅止於遊戲當中的來往，遊戲之外並不曾互留電話或用通訊軟體聊天，所以媽媽並不過度擔憂。

某一天，玩家阿良在群組裡傾訴心事，他說自己與交往兩年的女朋友分手了，因為女友即將要出國念書，兩個人無法在一起，所以覺得很受傷，大家聽了都紛紛在群組裡安慰他。

「別難過了，你才二十歲，以後還有很多機會。」

「那你以後就不用經常陪女友，有空可以多殺怪了！」

「你女朋友有機會出國念書進修，你應該祝福她啦！」

「我可以理解你的心情，被逼分開一定很難過。」

「分手後雖然孤單，但大家都會在線上陪著你。」

大家你一言、我一語地一邊安慰阿良，一邊開他玩笑，而智凱雖然還未曾有過談感情的經驗，但也跟著其他人勸慰了幾句，阿良雖然心情低落，但獲得網路上的玩家們鼓勵後，也漸漸打起精神，不再唉聲嘆氣。

此時群組中有人提議大家一起去參觀電玩展，除了可以陪阿良去散散心，還能逛到最新的遊戲資訊，各家遊戲廠商也紛紛祭出吸引人的優惠和贈品，遊戲公仔的折扣也很低，大家越說越起勁，很快就約好星期日在電玩展的入口處碰面，智凱雖然想要一口答應，但他還是表示要先問過媽媽才能確定是否能去。

「什麼！你要跟網友去電玩展！如果是班上同學就算了，但是和網友出去感覺很危險。」媽媽聽到智凱要跟一群不曾見過的網友聚會，第一反應是不太能接受。

「班上同學和網友都是朋友啊！有什麼危險的？」智凱很想和大家一起去電玩展。

「你們的群組裡，有高中生、大學生和上班族，人多又複雜，加上從來沒碰過面，我怎麼放心讓你去呢？」

「就是因為大家都沒碰過面，才要約出來多認識彼此啊！而且我們是約在公共場合碰面，又不是去人煙稀少的地方，也不是單獨約在網友的家裡，很安全啦！」

「雖然我知道不是所有的網友都是不好的，但是網路上和現實中的個性難免會有落差，而且你在群組當中，年紀比較小，又容易相信別人，我實在不放心。」

「我已經長大了，跟朋友出去也很正常，你就讓我去啦！」

媽媽抵擋不住智凱的要求，答應兒子與網友見面，但她要求智凱要定時打電話回家報備，並且不能答應網友其他要求。

智凱如願和網友見面，並逛了電玩展，見面之前，他對遊戲裡的夥伴有各種想像，實際見面後，多數玩家跟他想像中的樣子都差很遠，這也難怪，畢竟遊戲中的角色風格多為唯美夢幻或俊帥有型，對應到現實中的長相，落差當然很大；此外，大家原本在網路上很有話聊，但第一次見面卻還是略顯生疏，適應一段時間後，氣氛才漸漸變得熱鬧。

回家後，媽媽立刻追問兒子與網友見面的情形如何，智凱認為這次的聚會很開心，日後若有類似聚會，還會想要再參與，但也坦言網友在現實和網路中的個性的確會有差異，以後也會多注重真實世界的相處和認識。

交友要設防，無論網路或現實

網路世代已經是無法抵擋的趨勢，在智慧型手機和平板電腦的普及之下，青少年使用網路的頻率和時間相對增加了，這個現象也間接衍生出各種社會問題，如與網友約會被性侵、在網路販賣毒品等常有耳聞，尤其未成年孩子網路交友受害案件也令人吃驚。根據臺灣兒少網路安全指數調查顯示，會見網友的孩子超過兩成是認識當天就見面，其中半數會獨自一個人赴約，而多數家長卻對此一無所知，甚至直到受害事件發生才後悔莫及。因此，真正需要改進的是父母對兒童、青少年網路世界的了解，才能阻止遺憾的事件發生！

網路交友以了解代替反對

某校園曾分別針對全臺國中小的孩子和家長進行網路安全問卷調查，結果顯示，有近四成五的孩子會交網友，有近一成五的孩子會跟網友見面，有兩成網友則是認識當天就見面，而且多數的見面模式是單獨赴約。而部分家長甚至不認為或不知道自己的孩子有交網友，也不知道自己的孩子會跟網友見面，由此可知，家長在網路交友的認知與孩子實際行為有著相當大的落差。

家長通常都很反對孩子結交網友，一方面是受到新聞事件的影響，另一方面是對於網友品行、個性和各方面的不了解而有顧慮。然而，嚴厲禁止孩子交網友，可能會引起孩子強烈反彈，或瞞著家長與網友來往，這並非父母所樂見；因此，預防孩子陷入網路交友的危機，必須以了解代替反對。

對青少年而言，網友的支持力量很大，使用流行的網路術語或表情符號，可以讓孩子覺得彼此的距離很近，並有被了解、被鼓勵的感受，網路之狼也是利用所謂的「網路慰語」討好、贏得孩子的心。

父母可以利用相關新聞與案件，和孩子分享、討論網路交友的隱憂和自我防護的方法。父母除了注意孩子的行為，也要反省自己平常有沒有給孩子言語上的支持和足夠的愛。

根據觀察，女生比較容易結交網友，但只要孩子不脫離班級、不隨意晚歸，並重視家人，就不太會掉進網路交友的陷阱。平時可提醒孩子，一般的學生或有正職的人，不可能一直掛在網路上聊天，故孩子要懂得分辨、觀察網友的身分和聊天的動機。

家長應避免落入網路就是「讓孩子變壞」、「充滿危險陷阱」的思維，如果父母一味反對，只會讓親子關係緊張，孩子在負面情緒中更不能接受父母的建議與想法。家長要抱持接納開放的態度，凡事往積極面想，提供友善的溝通環境，孩子才不會諸多隱瞞。

其實交網友就像交朋友一樣，是時下青少年普遍的社交方式之一，與日常生活不同的是，交網友可能無法直接看到對方，所以具有高度的不確定性或風險。而家長應適時提醒孩子，任何友誼都應以「真誠」為基礎，並經過時間的考驗，才能稱之為「朋友」或「友誼」。

孩子結交網友的初期，父母可以從以下幾點觀察孩子的交友管道和交友態度是否正當，並以信任孩子為前提之下，給予孩子交友空間。

1 孩子的網友從何認識：家長首先要知道孩子在哪些場合交網友，現在的青少年多數有玩線上遊戲和使用社群網站、批批踢、部落格的習慣，自然會從留言和聊天當中認識網路上的新朋友，家長可加入孩子的社群網站、瀏覽孩子的部落格，了解孩子在網路上的言行舉止，若言行與日常表現一致，基本上不需過度擔心，適時回應鼓勵、支持或幽默性質的留言，反而能拉近親子距離，讓彼此變得更無話不談；若孩子在網路上出現憤怒、憂傷、甚至出現髒話或罵人等較情緒化的字眼，不必急著阻止或干涉，先關心孩子發生了什麼事，聽他傾訴或幫助他解決心事，而不是增添孩子當下的負面情緒；之後可再尋找情緒穩定、平靜的適當時機，告知孩子在網路上貼文分享心情也許有助釋放和發洩，但不雅的字句和攻擊性的言語可能會對別人造成傷害，甚至誤觸法律。

此外，家長可以運用網路交友的相關新聞與案例，先注射預防針，與孩子分享和討論這類事件，並讓孩子清楚網路交友的隱憂，使其在之後的擇友心態上會更謹慎小心。

孩子交網友的心態：前文故事中，智凱和網友主要是因興趣相投而建立群組友誼，家長應鼓勵孩子以健康的心態與網友來往，同時也提醒他，無論在現實生活或偌大的網路世界中，有些人的交友目的並不那麼單純，詐騙財色的新聞更時有耳聞，可利用相關事件灌輸孩子「防人之心不可無」的觀念。尤其有些青少年對網友抱持情竇初開的想法，甚至想跟對方約會和交往，父母在與孩子溝通時，要能體諒青春期孩子難免對愛情會有美好的想像和憧憬，但仍應讓孩子理解網路交友的現象與安全性，並多於平時教導孩子正確的交友觀念與自我防護的網路交友守則，絕不留真實姓名、電話、照片與密碼，以及不要在網路上洩漏個人資料等都是基本常識。

3 孩子與網友的互動： 父母未必要監督孩子在網路上的一言一行，給孩子適度的隱私和交友空間，會讓他較不吝於分享與網友之間的互動，而不是瞞著家裡與網友見面或聊天。家長除了可從孩子公開的社群網站、部落格觀察孩子與網友的相處方式，也可在日常聊天時以輕鬆自在的態度詢問孩子，確認孩子有分辨網路危機和保護自己的能力。若雙方的言行互動並無不妥，在家長也能認同的情況下，孩子欲進一步與網友見面就不需要太過擔心。

不再沉迷網路，助孩子走到真實世界

小學三年級起，學校就開始有電腦課，孩子開始「正式」、「合理」的接觸電腦。十歲到十五歲的青春期階段，電腦和網路不再只是單純的遊戲，更讓父母擔心的是結交天涯海角網友的自由。

社群網路的普遍，孩子習慣在臉書上隨時更新自己的動態、觀看朋友的塗鴉牆，隨手即能用手機拍攝、立刻上傳或打卡，甚至用手機揪團打架。社群網站成為人際養分的來源，朋友人數使得原本隱晦的人際關係變得一目了然。文字、影音訊息的快速傳播，也使「祕密」無所遁形。

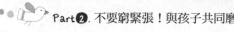

網路管教怎麼教？

過去家長大多擔心孩子沉迷線上遊戲，但現在更煩惱孩子沉溺網路上的「社交」。焦慮的父母和叛逆的青春期孩子，經常為網路使用的界限而拔河，不是束手無策，就是兩敗俱傷。

網路管教成為家有青春期孩子的父母最大的學習課題，在此建議父母保持對新科技的了解和好奇，並利用時事和科學研究結果，理性地和孩子討論網路的各種影響。同時要隨時確認自己並非用權威掌控孩子，但也要做好「面對衝突」的心理準備。

預防網路沉迷的措施

導致孩子整天掛在網路上的根源就是電腦、智慧型手機和平板電腦等產品，這類產品並不是不能買、不能用，但在買給孩子前應先有以下的觀念。

1. **愈少接觸愈好**：許多研究網路對兒童與青少年影響的專家、學者，都會建議盡量延緩孩子擁有個人電腦的時間，這並非完全不讓孩子認識新科技，只是極力減少孩子的使用時間，盡量只在學校上電腦課時使用，或是與家人分擔共用電腦的時間；智慧型手機和平板電腦在高中之前，盡量不讓孩子使用為佳，但家長仍可衡量孩子的自制力和使用上的必要性，再決定要提前或延遲購買，並最好是使用預付卡或限制網路使用量的方案。

2. **網路最好讓孩子「不方便使用」**：電腦避免放在孩子房間，要放在公共空間或父母房間，並設定只有家長知道的開機密碼，就不會有偷偷上網的爭執，但這只是預防性的措施，若孩子的網路胃口已經被養大，再去限制使用時間就比較困難。

③ **約定使用原則：**父母應該和孩子討論出合理的約定，例如完成功課和家事後，每天可使用的時段和時間長短為何。

④ **設定需要的監護和過濾軟體：**網路的世界沒有分級，孩子能任意瀏覽網站，因此家長可以使用監護軟體，或利用一般瀏覽器中內建的功能，查閱孩子的瀏覽紀錄，避免孩子流連色情網站、一對一的聊天室或未成年不適宜閱覽的內容。

教孩子在網路上保護自己的隱私

社群網站和部落格的盛行，使孩子習慣將個人資料、心情和生活中的照片上傳到網路，青春期孩子以此獲得同儕在臉書按讚或留言的認同，部落格和臉書讓孩子獲得成長過程中的陪伴，感覺不孤單，但孩子在分享的過程中，公開的真實資訊也變得愈來愈多。

然而，這類資訊可能引來不必要的騷擾，如陌生的網友不斷寄email、或是未經授權盜用個人的名稱或肖像，如某人貼在自己部落格的格主照片被張貼在色情網站徵「一夜情」等。因此，家長要經常提醒和解釋隱私的重要。

① **明確告訴孩子哪些資訊不能公開：**自己及父母的真實姓名、家庭背景、住址和電話等基本資料不應公開。因為放上網的任何資訊，即使之後刪除，還是有可能會散布出去。而透過臉書按讚，很多資訊也會一再被轉載，家長應提醒孩子不要隨便按讚，更不要隨便將不認識的人加為朋友。

2 提醒孩子資料上傳前多想一下：有些國、高中生喜歡上傳裸露的自拍照引起關注，或張貼與男、女友的親密照片，宣示愛的主權；父母看到這樣的內容難免會大發雷霆，但與其動怒，不妨要孩子好好想想，這類煽情的內容會引來什麼樣的觀感，是否有想過可能被輕視、或照片被濫用，而產生不必要的困擾；許多孩子不認為在網路展現自己的外在條件有何不妥，家長應向孩子解釋，將自己的照片張貼上網，意味著放棄對自己形象的控制權，因為一旦在網上發表照片，無論是展示身材優勢或只是覺得有趣好玩，照片將變成公共資產，其他人可以輕易散布出去，而且不需要經過孩子的同意。與青少年討論道德或倫理，應避免流於說教的模式，但要引導孩子思考自己的行為是否會影響到其他人，舉例告訴他，如果有個孩子把裸照放在網上，難道不會令他的兄弟姊妹尷尬嗎？或是會不會令他的學校尷尬？並告訴他一個負責的人應該考慮到自己的行為會對他人產生什麼影響。

3 要懂得保護自己：除了避免在社群網站上公開個人資料，若孩子想與要好的朋友分享較私密的資訊，可建議孩子設定只跟特定、且值得被信任的「朋友」分享，以免失去基本的隱私權。

如何帶孩子離開網路世界？

真實生活中充滿有趣的東西，上網就不會是孩子的唯一選項。父母和孩子要共同找出真實生活中其他的樂趣，培養孩子網路之外的興趣，鼓勵孩子組隊參加學校、社區的各種活動，找出充實自我的方式。

曾經有一位家長與高三的兒子，為了能不能將智慧型手機帶進自己房間，而發生嚴重爭執、起衝突，兒子為此甚至以跳樓、求死等偏激的方式逼迫家長，父母也只得妥協。家長害怕手機讓孩子分心，孩子則認為自己有足夠的自制力；之後，父母積極帶兒子參與各種活動，並發覺兒子對騎單車有濃厚的興趣，甚至主動與家人和車友一起出遊，這也使得親子有更穩固的連結。

這個例子足以顯示家庭用愛包容、用心傾聽孩子的需求，比強硬的禁止更有作用。然而，網路對青少年的影響愈來愈深，許多重度沉淪網路世界的孩子，仍然離不開虛擬世界，家長可先於日常生活中觀察孩子使用網路的行為，並針對孩子沉迷上網的嚴重程度作出調整：

❶ **行為層面**：孩子的生活中是否除了上網，對日常生活的其他事物都喪失了興趣。

❷ **心理層面**：孩子是否因為無聊、心情鬱悶、逃避壓力、甚至追求網上活動的成就感與快感而上網？或是否因上網而使孩子產生情緒上的影響？如電腦、智慧型手機、平板電腦發生故障或網路斷線時，孩子出現暴力用語、沮喪、甚至對話異常等行為。

❸ **健康層面**：孩子是否因沉迷上網而有精神萎靡、恍惚的情形？甚至因上網而飲食不正常、睡眠失調、視力減退，或發育不正常的情形。

若孩子的網路行為已經嚴重影響上述提及的生活作息，並有精神不濟、焦躁不安的情形，父母應該和學校老師合作，必要時請教專業輔導人員或就醫尋求協助。

教養現場朵朵小語

在「滑世代」的衝擊之下，孩子也變得愈來愈「宅」，因此，孩子應學習主導生活，讓生活不被手機、平板等科技產品牽著鼻子走，懂得克服網路誘惑和陷阱，才能真正善用科技優勢，發揮科技結合人性的最高效能。

整天看沒營養的東西 × 不要隨便批評我的興趣

動漫是精神食糧，才不是沒營養

卡通和漫畫對孩子而言是不可或缺的娛樂和興趣，但家長總認爲動漫對孩子沒有幫助，其實，若能花一些時間了解孩子喜歡的事物，不僅會拉近親子距離，也會讓孩子因獲得認同而更樂於分享。

佳鈞的爸爸很重視兒子的在校成績，尤其兒子已經是國三生，身為父親當然希望佳鈞能用心準備未來的升學考試。所以每天下班回家後，踏進家門的第一句話就是：「功課寫好了嗎？明天要考試的範圍都預習了嗎？」佳鈞通常會在父親回家前，完成每日作業並認真溫習課業。

這一天，爸爸一如往常地於固定時間下班回家，進屋後卻不見佳鈞在書桌前複習，反倒是趴在床上，目不轉睛地盯著手上的漫畫，看得一臉入迷。爸爸立刻板起嚴肅的面孔問：「今天的功課做了沒？」

「還沒，但是再一下下就看完了，等一下看完馬上去！這部漫畫是我的最愛，終於出了完結篇，我已經期待超久了，所以……」佳鈞一邊解釋，雙眼不忘留意著漫畫中的情節發展。

「閉嘴！功課沒寫完還敢狡辯，而且漫畫這種沒營養的東西看了又有什麼出息！」爸爸沒等佳鈞說完，便對著他劈頭責罵。

原本看漫畫的好心情突然被打斷，加上爸爸對佳鈞看漫畫的興趣嗤之以鼻，讓他也忍不住怒從中來。

「我又不是不寫功課，只是想晚一點再寫，這部漫畫我已經等了好幾個月才推出完結篇，難道就不能破例讓我看完再寫嗎？」佳鈞覺得自己沒有錯，仍急著辯解。

「你還敢頂嘴！那些沒營養的垃圾漫畫不看最好，難道看了成績就會變好嗎？你現在立刻給我闔上漫畫，滾到書桌前寫作業！」氣急敗壞的爸爸命令佳鈞，不容他有拒絕的餘地。

「就算你是大人也不代表你說的都對！為什麼我一定要聽你的？看漫畫是我的興趣，我不覺得漫畫沒營養，反而是我的精神食糧。何況我只是想先看完再做功課，並不代表我會荒廢學業，為什麼你們大人這麼難溝通，只會逼小孩讀書讀書讀書，卻完全不懂小孩在想什麼！」被逼急的佳鈞也對著爸爸吼回去。

碰！佳鈞爸爸把手上的公事包重重地甩在地上。

「你就是看太多垃圾漫畫才會對我這麼沒大沒小的！我工作回來已經很累了，你還惹我生氣，現在就滾到書桌去！」

佳鈞氣得說不出話，他一聲不吭地闔上漫畫，氣呼呼地走到房門口，將房門重重甩上。

爸爸看到佳鈞的態度不佳，原本想逼兒子出來道歉，但媽媽認為此時應該先讓雙方冷靜下來，便即時出面緩和。

過了一會兒，媽媽來到佳鈞的房間想安慰兒子幾句話，平時她會陪著佳鈞看漫畫改編的動畫，對劇情也很著迷，有時候太忙而漏看了幾集，還會追問兒子劇情發展是什麼，她知道那是兒子的興趣，並非不良嗜好，但爸爸的觀念比較傳統，一向反對兒子看漫畫或動畫。

佳鈞看見媽媽走進他的房間，以為媽媽要責怪他不該和爸爸吵架，但媽媽只是溫柔地摸摸他的頭。只見佳鈞臉頰漲紅，眼淚鼻涕流滿面，一副委屈不服氣的模樣，他重申自己沒有錯。

媽媽對佳鈞說：「我知道你很期待漫畫的結局，也懂你迫不及待想要一口氣看完的感覺，但既然你都等了這麼久才等到完結篇，為什麼不能再多忍耐一下，把功課完成後再看呢？」

聽了媽媽的話，佳鈞低頭不語，他承認自己的確應該先完成作業。但他仍然很在意爸爸批評漫畫是沒有營養的東西。

「這部漫畫是在說一群夥伴到世界各地冒險的故事，他們各自有不同的個性和能力，旅程當中遇到困難時，他們會互相幫助，團結一心地克服各種難題，這樣一部包含愛和友情的熱血漫畫，怎麼能說是沒營養呢！」佳鈞忿忿不平地說道。

「表達自己的想法沒有錯，但不需要動怒，吵架只會讓彼此更聽不進對方說的話；相反地，應該盡量心平氣和地說服對方接受自己的想法。」媽媽用心開導兒子，希望他能冷靜理性地表達意見。

反省過後，佳鈞決定再找時間向爸爸道歉，並承諾自己會將功課完成後再看漫畫，同時與爸爸再一次地好好溝通，讓爸爸能認同自己的興趣所在。

值得孩子學習的動漫精神

心理學家認為現代人面對家庭和工作的壓力之大，難免會有鬱悶的情緒產生，但憤怒也是有底線的，最重要的是不能用言語汙衊孩子；同時要為孩子做心理建設，在孩子面前不生悶氣，直接坦承你不高興的源頭並使其理解，若按耐不住性子而發飆，也應在事後告訴孩子，你很愛他們但情緒爆發是人之常情，你願意向他們道歉。事前和事後的建設能讓孩子懂得體諒對方的不快，才不會讓兒女覺得父母的情緒難以捉摸，甚至模糊父母想讓孩子明白的道理。

此外，青春期的孩子擁有喜愛的娛樂和興趣是很正常的現象，不宜任意批判和指責，尤其是在你並不了解的情況下。一般父母對動漫的看法，都存有不良刊物的刻板印象，但其實動漫的類型何其多，對孩子並非只有負面影響，當中也有不少值得孩子、甚至父母學習的動漫精神。

家長試著回想自己的童年，哪個孩子不愛看漫畫呢？重要的是，了解孩子看的內容是否適合其年紀，並陪他找出動漫中值得學習的生活態度。

走入青少年的動漫世界

每年在世貿舉行的動漫展，總是湧進大批人潮，而這類商品的高消費者以青少年為主，但即使孩子對動漫的熱愛如癡如醉，不惜將辛苦存下的零用錢拿來買周邊商品，家長卻不太了解當中緣故，甚至反對孩子對動漫的樂趣。

日本漫畫的題材多元、豐富，經由作者的想像力，呈現出超脫現實的情節來吸引讀者，使大部分的讀者有脫離現實的情形。青少年會在腦中幻想與陶醉，甚至在現實的生活中角色扮演，以示喜愛程度或對動漫中的角色致敬，漫畫無疑影響了孩子的生活。對家長而言，一方面擔心對孩子產生負面影響，卻又不忍剝奪孩子的興趣，因此，父母應盡量以了解代替禁止，以正面態度讓孩子享受動漫。

若家長有特別留意青少年偏好的動漫類型，可以發現《火影忍者》和《航海王》在青春期的孩子當中，幾乎是無人不知、無人不曉的經典之作。專家歸納出其共通點，在於劇情內容中大幅度的描寫夥伴之間的情誼，如動漫的主角鳴人和魯夫對於夢想的追求和堅持，令人為之動容，其沒有心機、總是敞開胸懷的態度，吸引不少志同道合的夥伴助他們達成夢想。

當動漫中可能有暴力鬥毆、抽菸喝酒、裸露色情的情節時，家長可先評估、過濾漫畫的分級是否適合孩子閱讀，若書中出現不良行為，家長應引導孩子分辨之，但與孩子討論、分享劇情時，不需要太過著墨於此，因為大多青少年已能分辨這類行為是不好、不健康的，同時陪孩子享受劇情的發展和人物性格，從中以正向心態看待，反而能使青少年也以健康的角度對待，並學習到重視朋友、努力追求夢想和待人處事的態度。

動漫對青少年的正面影響

動漫對孩子的正面影響很容易被家長忽略，其實無論是什麼類型的書，只要內容適合孩子的年齡層，能引發孩子思考與自我相關的情感、生活和未來等，對孩子都是有益的影響，以下即列舉出動漫對青少年的正面影響。

1. **釋放壓力和情緒：**對於充滿升學壓力的學生來說，看漫畫可以緩和緊繃的情緒，並投入劇情之中，暫時忘卻壓力。
2. **提供創意靈感：**動漫的劇情充滿奇幻風格，能豐富孩子的想像力與創造力。
3. **影響做人處事：**動漫中的角色個性複雜多元，沒有絕對的好與壞，與現實生活能相互對應，家長能利用劇情影響孩子思考與人交往應有的態度，並學習體諒他人的苦衷和處境。

然而，家長還是會擔心孩子遭受動漫的負面影響而有偏差行為，若有這類現象，父母必須付出更多耐心與孩子溝通，而不是責罵或乾脆嚴格禁止；理智的家長更不應該因某些特殊案例，如孩子模仿漫畫人物罵髒話或暴力行為，作為全盤否定一項文化的理由。換句話說，動漫文化不該因為刻板印象，而被貼上標籤。以下即列出動漫對青少年可能造成的負面影響，並提供教養建議。

❶ **受到劇情影響：**某些青少年會將動漫情節合理化在現實生活中，認為打架是講義氣的行為，或是抽菸很有個性，進而不當地模仿漫畫劇情，造成未成年犯罪問題的產生。若家長發現孩子有不好的模仿傾向，可以直接告訴孩子那是錯誤的行為，而避免直接將打架、抽菸與動漫做連結，盡量以就事論事的態度討論孩子的過失即可。

❷ **過於沉溺動漫：**觀看動漫很容易一發不可收拾，而影響閱讀其他優良讀物的機會或課業時間，間接導致課業成績下滑，甚至太過沉迷於劇情裡。尤其犧牲睡眠時間，熬夜看漫畫，使精神狀況不佳，上課也就無法專心；或是省下吃飯錢和零用錢，花大錢購買周邊商品或玩角色扮演。故家長應適時提醒身為動漫迷的孩子，學會管理時間，讓休閒之餘也可以兼顧學業，並注重時間分配和金錢花用，學習克制或適度滿足欲望。

❸ **與人群疏離：**把時間多用來看動漫，而長時間窩在家中，會變得不擅與人相處，也形成愈來愈多的「御宅族」。所謂的御宅族，多半是指蒼白肥胖、不修邊幅、鬍子不刮乾淨、戴厚厚的眼鏡、頭髮蓬亂、自言自語、用詞怪異、不喜歡運動與時裝等主流年輕人文化，只沉溺在電玩與漫畫世界當中。現代人多認為御宅族代表了負面含意；但也有人認為御宅族是精神貴族，當別人盲目追求流行的時候，御宅族卻選擇自己喜歡的東西，不怕別人歧視，貫徹獨立自主的生活路線。家中若有這樣的宅小孩，家長可以試著認同、了解孩子喜歡的動漫世界，並鼓勵孩子結交志同道合的

朋友。

父母無須過度擔心孩子有御宅族傾向，雖然看漫畫、看動畫或打電動似乎無助提升課業成績，但多少會增加其創意和藝術的能力，如繪製相關主題的漫畫、或是創作同人小說。

某些青少年到了一定年紀後，他就會從這些喜好中「畢業」，甚至一點也不留戀；即使沒有，作為一種興趣，或是一種生活態度也無可厚非。

該注意的是，這樣的生活態度是否影響到他的人際交往？是否為了這些興趣而宅在家，造成與社會脫節的現象，才是令人擔心的部分。

在孩子未成年時，若真的擔心沉迷動漫會有害，最好的方法就是陪伴。陪著他、了解他的興趣、關心他所關注的一切、欣賞他的創作和成果，讓孩子喜歡和你討論，並覺得和你之間沒有距離，也會認為你是可以依靠的。父母可以告訴孩子你對他的期待，期許他也能有良好的運動習慣及人際關係，並能夠在課業上付出努力。

父母應先釋出善意，願意且有耐心地對孩子展現關心和理解的態度，才會與兒女有良性互動，親子之間的關係也才會日漸親密。

培養孩子多方涉獵的閱讀能力

青少年不愛閱讀，或只看漫畫的現象，大約從五年級就能明顯感受到，當進入繁重的課業、擁有更多樣的興趣，以及產生更鮮明的自我意識之後，不少孩子就從閱讀中逃走了。因此，若無刻意的引導以及適當的誘因，很多孩子寧願沉迷動漫，或是鑽進線上遊戲和朋友們並肩作戰也不願好好閱讀一本書。家長要讓孩子明白，動漫和遊戲作為興趣並無不妥，但是過度偏重，反而會喪失閱讀其他優良讀物的機會；以下即談論時下青少年所正處的閱讀危機中，並建議父母協助孩子增加閱讀的深度和廣度。

1 偏食動漫：漫畫雖然有其閱讀價值，但看多了，孩子們的閱讀胃口就此定住，難以回到純文字書籍，厚厚的文字書讓孩子讀得很慢，花太多時間，使閱讀失去續航力。建議家長選擇改編成電影的小說，如《哈利波特》等故事性強的書，能有效開發孩子的閱讀胃口。

2 速食短文：社群網站的普及讓青少年的目光從課外書轉移至螢幕，只要開機，就能看到五花八門的資訊，還能跟朋友即時互動，所以一旦孩子接觸臉書，必定流連忘返，當然就更不願意碰書本了。況且「臉書式」的閱讀習慣著重簡短有趣味性的短文，使孩子對長篇文字失去閱讀的耐性。網路短文多為娛樂性質，家長若希望孩子閱讀的文章富有教育意義，可利用饒富哲理、有深刻含意的極短篇小說或散文切入孩子的閱讀世界。

3 重口味當道：除了動漫和網路閱讀，孩子難道真的都不碰文字書嗎？其實不然，有一類書在校園內非常受歡迎，幾乎沒有同學不知道此書，此為引起多方爭議的輕小說系列《國王遊戲》。這套書有不少暴力與色情的描述，內容涉及自殺、殺人、接吻、摸胸部、上床等重口味情節，這類觸動感官的書籍正合青少年的胃口！這個年齡的孩子對性有著高度的好奇心，又喜歡標新立異，因此愈乖張的劇情，就愈受到歡迎。這一類的書並非不能接觸，父母可從中找出值得探討的情節與孩子討論，如人性的黑暗面、善與惡等，並提供其他相關讀物，讓閱讀變得更有深度，如《蒼蠅王》、《惡童日記》等。

幫孩子找「更好看」的書

究竟，什麼類型的書適合青少年？根據閱讀發展，一般青少年可以透過閱讀學習各項事物，除了色情、暴力的讀物，兒童的圖畫書、成人的科普、言情小說，或是其他任何類型的文學作品，青少年都可以從廣泛閱讀中，習得知識、學習思考。

從成長與需求來說，青少年生理上會轉變為大人，認知上同樣會轉變。因此，青少年的讀物在內容、結構上需要複雜些，才能引起他們認知上的共鳴。他們可以閱讀一篇呈現不同觀點的文章，或是針對同一議題以不同觀點寫的多篇文章。青少年不但可以讀不同論點的文章，還可以分析、綜合及批判所讀到的文章。

如前面所述，青少年幾乎什麼都可以讀，因為他們的認知發展能力，已經足以批判讀物。不過，多數孩子在選擇讀物的時候，容易依照自己的喜好去挑選，因此充滿奇幻、推理、懸疑等風格的書籍較受到青少年的青睞。

從青少年的閱讀經驗中，能明顯看出孩子缺少多元寬廣的閱讀胃口，以至於閱讀視野十分偏狹。家長不需要評論孩子看的讀物，但可於平時給予較多的類型選擇，如談論歷史、生存、哲學、環保議題、成長記事等各式各樣的讀物，若無從選起，也可以參考校園選書或圖書館、各大書店建議的青少年選讀，用以拓展孩子的閱讀胃口。

然而，現代的書籍無論是漫畫或小說的口味愈寫愈重，暴力、色情的情節也常見於其中，吃慣重口味的孩子，如今要改讀清淡雋永的文字，需要時間調適。

陪伴孩子走過「閱讀不耐期」

孩子從漫畫跨越到純文字書的閱讀，都曾經歷過一段「不耐期」，看到文字量稍多的書，就會心生排斥。

孩子小的時候，家長可利用說故事的方式，幫助孩子進入書中世界；例如想培養孩子閱讀《三國演義》的耐心，讓孩子聽父母唱作俱佳地講故事是不錯的入門方法，或許剛開始孩子對宮廷內鬥、或者人物現身的鋪陳不感興趣，但當故事漸漸發展到諸葛亮出現，以火攻、水攻等出人意表的高明計謀退敵時，很少有孩子還會聽到哈欠連連，通常不等父母講完全部的故事，孩子就會耐著性子把書看完了。

如何讓孩子持續對閱讀抱持熱情，而且能愈讀愈多、愈讀愈愛呢？在此建議，中年級開始，先選擇孩子有興趣的書，並且常常幫他們唸書，甚至全家一起訂定閱讀時間。但如果孩子尚未對閱讀產生興趣，也沒有建立閱讀習慣，那麼一定要嚴格限制他接觸數位產品的時間，因為一旦沉迷網路，就更不可能拾起書本了；欲培養閱讀習慣可透過以下方式嘗試之。

1. **多參加「與作家面對面」的活動：**透過作者的引述，孩子能在閱讀前就對書本有一定程度的了解，與作家接觸也能讓孩子透過引導，較易進入書中世界。
2. **善用流行市井或次文化吸引目光：**若書中內容與孩子的生活經驗貼近或相關，能夠激發孩子翻閱的動力。
3. **提供發表機會，讓孩子成為「評論家」：**當孩子對於閱讀有所感受時，必須適時讓他發表心得或想法，家長的聆聽也能促使孩子更喜愛或更深入地閱讀。
4. **透過劇場或是各類表演：**文字也許會讓孩子感覺枯燥乏味，但透過音樂、話劇或舞蹈等生動的表演方式，較能啟發孩子閱讀的興趣。

培養閱讀習慣後，待孩子年齡漸長便會自行選擇讀物，對喜歡的書愛不釋手，對於沒興趣的書則總是棄如敝屣，家長若希望孩子能提升閱讀的廣度和深度，可試著與孩子約定至少要將書讀到三分之一才能對其內容好壞下定論。家長推薦給孩子看的某些書，常被嫌棄或拒絕，此時可盡量鼓勵孩子堅持讀到三分之一處，如果不喜歡再放棄也不遲。

通常孩子漸漸進入書的世界後，會選擇一路看下去，即使真的讀到三分之一就不願意繼續，也不需要勉強孩子看完，每個人或多或少會有閱讀上的喜惡，只要閱讀眼界不過於狹隘，偶爾放棄不喜歡的讀物並不需要介入干涉。家長要相信在不同的人生階段，因著不同的需要，閱讀動機也會跟著改變，孩子閱讀的偏食問題便有機會獲得修正！

晨讀風正流行

二十年前，大塚笑子是個日本普通高職的體育老師。在她擔任導師時，看到一群在學習中遇到挫折、失去學習動機的高職生，每天在學校散漫恍神、勉強度日，快畢業時，才發現自己沒有一技之長。出外求職填履歷表，「興趣」和「專長」欄只能一片空白。許多焦慮的高三畢業生回頭向老師求助，大塚笑子鼓勵他們，可以填寫「閱讀」和「運動」兩項興趣。因為有運動習慣的人，讓人覺得開朗、健康、有毅力；有閱讀習慣的人，就代表有終身學習的能力。

但學生們還是很困擾，因為他們根本沒有什麼值得記憶的美好閱讀經驗，深怕面試的老闆細問：那你喜歡讀什麼書啊？大塚老師於是決定，在高職班上推動晨讀。概念和做法都很簡單：每天早上十分鐘，持續一週不間斷，讓學生讀自己喜歡的書。一開始，為了吸引學生，她找來劇團朋友朗讀名家作品，每週一次介紹優質的文學作家故事，引領學生逐漸進入閱讀的桃花源。

沒想到不間斷的晨讀發揮了神奇的效果；散漫喧鬧的學生安靜了下來，他們上課比以前更容易專心，考試的成績也大幅提升了。這樣的晨讀運動透過大塚老師的熱情，一傳十、十傳百，最後全日本有兩萬五千所學校全面推行。正式統計發現，近十年來日本中小學生平均閱讀的課外書本數逐年增加，各方一致歸功於大塚老師和「晨讀十分鐘」運動。

對於剛開始進入晨讀，沒有長篇閱讀習慣的青少年而言，的確需要一些短篇的散文或故事，讓少年讀者每一天閱讀都有盡興的成就感。而且這些短篇文字絕不能像教科書般無聊，也不能總是停留在淺薄的報紙新聞，才能讓這些新手讀者養成固定的閱讀習慣。

在當今升學壓力下，許多中學生每天早上到學校，迎接他們的是考不完的測驗卷。父母不妨用晨讀打破中學早晨窒悶的考試氛圍。每日定時定量地閱讀，不僅能讓學習力加分，更重要的是讓心靈茁壯、成長。在學校，晨讀就像在吃「學習的早餐」，為一天的學習熱身醒腦；在家裡，不一定是早晨，任何時段，每天不間斷、固定的家庭閱讀時間，也會為全家累積豐美的知識。

有效提問，提升孩子的閱讀效能

很多孩子閱讀後，經常讀過就忘記，因為讀過不代表孩子就理解其含意，故家長若想增加孩子的閱讀效能，可針對書的內容，對孩子提問，以引導小孩思考。多問延伸應用的問題，例如：「書中的角色為什麼會這麼做？」幫助孩子站在劇情人物中的角度思考、並延伸應用到生活中。家長可參考、依照以下的方式提問：

1. 直接提問：針對劇情提問，引領孩子注意書中的重要訊息，培養掌握大綱的彙整能力。

❷ **直接推論**：針對劇情的轉折處提問，引導孩子留意訊息之間的關聯性和當中的寫作技巧。

❸ **詮釋整合**：推測書內的深意，讓孩子試著連結自身經驗與書中內容，並形成自己的觀點，使其整理合併分散各段落的訊息。

❹ **比較評估**：閱讀之後，可讓孩子連結其他閱讀經驗，並比較眼前的書籍、評價、作者敘寫手法，甚至推論作者的寫作用意。

家長經常發出提問，不但能喚起孩子的過往經驗，又能與書中訊息做對照，有助於孩子讀懂意涵、讀出心得，不僅培養閱讀能力，也能喚起更多閱讀興趣。

教養現場 朵朵小語

「看電影」也是極佳的閱讀切入點，好的電影原本就具備文學內涵，如人物角色立體鮮明、情節推移引人入勝，呈現主角如何歷經挫折考驗、人物間如何化解誤會，以及彼此發現的過程，這些都很容易觸動青少年的感受。

Part 3

不要凡事管太多！
用了解體諒代替權威禁止

Be Considerate

·教養point· 身為父母的兩難是，希望孩子有傑出的品格和學習能力，但也怕在嚴格的管教中傷害了親子關係。其實，面對已經懂事的青少年，權威式教養已不敷使用，父母應學習站在孩子的立場思考，給予有彈性的管教，才能給孩子方向感，避免家長咆哮，找回愛孩子的能力。

為什麼要傷害自己 × 我覺得內心比傷口更痛

看待自殘行為，挖掘心事不宜硬碰硬

看見孩子身上有自殘的影子，除了難過、憤怒、責罵、管教，父母更需要在愛中體諒孩子的軟弱，並引導孩子有勇氣面對世事的不如意。

今年十五歲的凱琳，是個文靜、不多話的女生，由於父母的工作都很忙碌，她每天放學回家，幾乎都是一個人買外食當作晚餐。

凱琳的父親是空中飛人，因為工作關係而經常來往於臺灣和大陸之間，半年才會回家一趟，而且停留不超過一個禮拜，雖然每次回來，爸爸都會買許多禮物給凱琳，但是她卻覺得這個爸爸很陌生。

媽媽在工作上是不折不扣的女強人，幾乎每天都在公司加班，即使比較早回家，也都在用電腦回覆郵件，或是打電話交代工作細項，凱琳看到媽媽忙碌的樣子，也不好意思打擾她。

從小到大，凱琳都是讀私立學校，因為父母親的工作忙碌，沒時間監督女兒的課業，他們認為私立學校的管教嚴格，孩子不容易變壞。

凱琳的父母總是各忙各的事業，彼此的交集也愈來愈少，加上媽媽懷疑丈夫在外有小三，所以每次爸爸回家就會和母親大吵，吵完後，兩人就陷入冷戰，誰也不願多講一句話，家中氣氛總是死氣沉沉的，低氣壓的氛圍常讓凱琳感覺煩躁不已。

每次只要爸爸回家，凱琳就會盡量待在自己的房間不出來，她和家人的互動本來就很少，爸媽也忙得沒時間參與學校的懇親會和校慶，對女兒在學校的情況也不太了解。因此，朋友成為凱琳的生活重心，也是她生活中的一大支柱。

朋友當中，小芬的家庭背景和凱琳相似，父母都是工作狂，甚至經常出差不在家，家裡只有傭人相伴。

「無所謂，沒人在家我反而覺得輕鬆自在，反正回來也只會吵架。」小芬絲毫不在乎地說。

小芬的爸媽是夫妻，也是工作上的夥伴，兩人會為了不同的工作理念而發生爭執，所以常從公司吵回家中，讓小芬覺得父母很煩。

凱琳留意到，每次小芬描述父母的事時，都會拿出美工刀，在手腕的細白皮膚上，劃出一條細細的血痕。

「不痛嗎？」凱琳看到血從傷口滲出，覺得似乎很痛，她不太認同小芬的自殘行為，尤其她平時就非常怕痛，更別說拿刀片朝自己的身上劃幾刀。

「沒什麼感覺，劃完之後，反而覺得心情好多了。」小芬對自殘行為習以為常。

有一次，凱琳的父母又為了爸爸的外遇大吵一架，她在房間聽到兩人似乎有離婚打算，一時感到心中煩悶的她，正值半夜時分，找不到朋友傾訴。情緒焦躁之下，不知不覺手上已拿著一把美工刀，她猶豫了片刻，然後朝著自己的大腿內側劃了幾刀，頓時壓抑在心中的煩悶與苦悶得到了宣洩，心情即刻平靜下來。

有了這次經歷後，凱琳只要遇到心煩的事情，就會拿刀自殘，她從原本的猶豫不決、小心翼翼，到後來的不假思索，只要心情不好就依賴自殘獲得短暫的解放。

心裡雖然隱隱覺得這麼做不好，但每次自殘後所帶來的平靜，讓凱琳視自殘為良藥，由於傷痕都在大腿內側，只要穿上褲子或裙子，疤痕就不會被看到，所以她已逐漸習慣用自殘行為來安撫情緒。

直到有一天，媽媽洗衣服的時候，發現女兒的褲子內側沾上了血跡，她覺得很奇怪，便詢問女兒是否受傷沒告訴她，凱琳知道瞞不住，只好如實說出，並露出大腿內側深淺不一的傷痕，媽媽看到的當下感到非常震驚，原以為是學校有不當體罰的情形，沒想到傷痕竟是女兒自殘造成，媽媽非常擔心女兒會繼續做傻事，卻不知道該如何是好……

少年維特的煩惱從何而來？

故事中的凱琳與父母間的親子關係相當疏離，沒有談天說心事的機會，導致有任何的情緒都會悶在心裡，累積得愈來愈多，形成無法承受的心理壓力，因而出現自殘行為。父母一旦發現孩子有傷害自己的行為，必須引導孩子說出內心的困擾，並在平時多付出關心，讓孩子感受到親人能分擔心中的痛楚，不必獨自承擔，就不易有自殘的念頭。

自殘行為的發生往往是多種因素交錯影響而促成的結果，但觀察青少年自殘的行為後發現，與自殘息息相關的危險因素主要在於家庭與學校。如文中的凱琳即是因父母失和和受到同學影響之下，而產生自殘；一般青少年的行為和生活規範主要來自於家庭之中，而同儕團體的影響力也會在青春期慢慢增強。故以下將探討並檢視家庭環境與同儕關係中所存在之危險因子對青少年自殘行為的影響。

家庭環境產生的影響

家庭是每個人成長學習最基本的環境，兒童與青少年的行為和生活規範主要建立於家庭之中，即使同儕團體的影響力在此時已慢慢增強，家人仍扮演相當重要的角色。因此，家庭因素乃是青少年成長中不容被忽略的一部分，研究更發現青少年的自殘行為與家庭因素關係密切，以下將列舉這些家庭因素對青少年自殘行為的影響：

1 家人的自殘行為：自殘行為往往是一種學習的結果，透過觀察他人類似行為的發生，與發生後所得到的宣洩而發展出來的解決問題模式。宣洩包含因此而得到情緒上的緩解、得到想要的物品，或是取得他人的關懷等，藉由這些反應，使人在面臨困境時，便學習將自殘視為一種可行的解決之道。由此觀之，家人的自殘行為往往成為青少年自殘者首要的模仿對象，特別是當這樣的自殘行為並沒有被阻止、甚至被默許的時候，青少年選擇以自殘做為解決問題方式的機率比較大。

❷親子關係不良：緊張的親子關係往往造成生活壓力，使得身處其中的青少年常感到被拒絕或被放棄，隨之而來的情緒反應可能是憤怒的，此時透過自殘而引發身體上的疼痛便有助於內心傷痛的宣洩，因為親子關係的改變不一定是孩子有能力解決的，但透過自殘可以讓他們感到有自控感。不少實證資料也顯示，自殘青少年的親子關係往往比非自殘者差。

❸父母衝突：當父母關係不和諧，而且常常發生衝突時，他們通常無暇顧及子女的需求與問題，更遑論關心或提供子女必要的情緒支持。家庭暴力或衝突往往成為青少年生活的壓力來源，父母之間的暴力衝突雖然不是直接針對孩子，但這樣的生活環境卻很容易讓子女產生無力或無助感，他們會為無法改善父母之間的關係而感到挫折、沮喪。有些則認為自己是造成父母衝突的原因，因此自責、產生罪惡感。此外，衝突與暴力的生長環境讓孩子無形中也學會了以暴力來解決問題，除了對他人可能的暴力傷害外，面對自己的困難時，也可能以傷害自己的方式來處理。

校園環境的影響

家庭是個人社會化的基礎，而學校則是青少年社會化與生活中不可或缺的一部分，學校同儕對孩子的影響往往也變得很重要；而除了同儕之外，與青少年在學校中互動密切的對象就屬教師了，故在探究學校環境的影響時，師生關係也是不容被忽視的。以下將針對學校中，同儕及師生關係與自殘行為的相關性進行討論。

❶同儕關係：所謂的同儕團體是指同齡或年齡相近者所組成的團體，因青少年多以學校為主要的社交場所，故同儕關係的建立也多以同學關係為基礎。一般而言，青少年多半認為他們比較能夠從同儕身上得到尊重與情緒上的支持，當他們有心事時，他們也傾向對同儕訴說；換言之，同儕的主要功能是情感性的，可於必要時提供情緒支持與鼓勵。部分專家也發現，青少年重視同儕，故可能會受到同儕鼓吹而嘗試自殘行為；此外，若孩子與同儕的關係不佳，會使得他們在面對問題時，因無法從同儕身上得到及時的情緒支持，而增加他們以自殘來處理情緒的機率。因此，同儕不論是正向或負向的行為，其對青少年的行為都有一定的影響力。

❷師生關係：在學校的學習環境中，老師除了傳遞知識，也必須提供教室常規，讓學生能專心於課堂活動，為自己的行為負責，並使學生之間有良好的人際關係。此外，教師在情緒支持方面，也扮演著相當重要的角色，有研究顯示，許多學業成就低落的學生，曾表示自己無法從教師及同學身上得到鼓勵，而為保持自尊，這些學生反而會以偏差或退縮的行為，來面對他們認為不友善的學習環境。在國內外有一些關於中輟原因的研究也發現，得不到老師的支持、覺得老師故意找麻煩，以及無法符合老師的期待是他們離校的原因之一。由此可見，師生互動的品質也是影響學生

行為的重要因素之一，當師生關係愈好，則青少年偏差行為所產生的機率愈小。

別讓負面情緒演變成憂鬱病症

自殘通常都與情緒有關，即使家長為孩子自殘的理由感到不可思議、光怪陸離，但幫助自殘青少年的首要條件就是理解自殘的原因，不加以責難自殘的行為，才有機會建立關懷與信任的關係。以下將整理出時下青少年常見的自殘理由，讓家長能從中理解，並加以協助，避免自殘行為惡化成更糟的心態和作為。

1. **需要證明自我的存在感：**若孩子在生活、情緒上感覺到灰暗、麻木，那麼自殘的創痛，相較於其他已經麻木無法感覺到的生活事件而言，的確是比較強烈、直接的感受，這會讓孩子「感受」到自我存在感。

2. **覺得自己很壞，理應受到懲罰：**在成長過程中缺乏關愛、受到忽視或是受虐的孩子，在進入青少年自我認同的階段時，會將這些成長中獲得的經驗整合為自己的自我價值感，最終可能發展出的自我認同是「我很壞」、「沒人愛我」、「我很糟糕」等想法，所以才會受到這些懲罰，在這樣的內在信念下，自殘的孩子還有可能會做出其他輕視自己，甚至傷害生命的行為。

3. **期待被關心：**孩子都會渴望被人關注、重視、關愛的心理，因此可能透過自殘行為引發旁人的同情心。

4 拒絕任何關注：孩子也許在人生經驗中，一再經歷依賴又被拋棄，擁有又再次被奪走或失去的過程，基於害怕再度感到失望的心理下，可能利用自殘作為反抗工具，使自己免於再次陷入失望和受傷的情緒中。

5 情緒的壓力超出負荷：當負面情緒不斷增加，而又無法處理化解時，就會將自殘作為情緒宣洩的管道。

6 感到平靜和愉悅：有些自殘的人，看見傷口和血汩汩流出，會有一種平靜的感受，雖然無法被常人理解，但對於自殘者來說，卻是釋放壓力的方式。

7 討厭自己：有些孩子對於自己的性別特徵感到無法認同，或是因為不符合潮流中「美的價值觀」，便會採取自殘的手段來因應。

自殘行為的預防和化解

不論是何原因，家長都應理解孩子是經過一段時日而形成的錯誤價值觀，因此自殘問題應及早發現，及早適切處理為佳，以免孩子的自殘行為變成上癮行為。一旦發現孩子有錯誤的觀念、負面的自我價值感和反覆的自殘行為，父母可藉由以下方式讓孩子感受到自己是被愛、被接納的，如此便有助於孩子發展出自我認同、學習因應生活的方式，並離開負面情緒，擁有正向的生命力量。其具體作法如下：

1 主動關切自殘青少年：相對於其他類型的青少年偏差行為，自殘行為的隱密性相當高，孩子往往不會主動顯露出身體上的傷口；即使有人看到他身上的傷痕，多數人往往也會因為對自殘行為的理解不夠，而誤將這樣的傷害解釋為「耍帥」、「刻意」、「炫耀」的行徑，此舉不只未能有效地回應這群孩子的需求，也會失去及時提供適當處理的機會。許多看似沒有「問題」的莘莘學子，其實有心理上的需求未被滿足，他們需要父母的主動關切，敞開胸懷與孩子談論傷口為何而來，以了解自殘發生的情境，找出困擾青少年的相關事由，才能提供必要協助。

2 區別「自殺」與「自殘」：自殘的定義為，用利器割劃自己皮膚，或掐、刺，打、瘀傷、燙等，製造身體的痛覺，主要是強調痛覺的行為，對於生命並沒有威脅，不似自殺是有死亡的意圖；相較之下，自殘的青少年較偏向是問題難以解決時而想出的權宜之計，類似遇到煩悶的處境時，會藉酒澆愁的現象。家長應於平時多注意孩子的行為，並覺察青少年所遇到的問題，因為青春期的孩子較不易主動開口求助，因此幫助孩子解決問題，通常能有效避免自殘行為的產生。

3 找出問題尋求協助：由於青少年不易因為自身的問題而主動求助，自殘行為又不容易被發現，所以父母更應於平時多關心孩子是否有難解的心事；若面對面的聊天，使孩子難以啟齒，父母也可透過簡易的心理測驗，引導孩子說出問題。測驗的問題可由淺入深，如「現在是否有令你感覺困擾的心事？」、「你的心事是來自於校園或家庭？」、「心事是否關於朋友或家人？」等，透過詢問當中的小技巧，家長可以逐步掌握困擾孩子的人事物為何，並適時提供解決問題的方法給孩子，幫助孩子解開心結。

4 **家庭處境、遭遇之探討：**家長應了解自殘的孩子與自己的互動關係，以及孩子在家裡所扮演的角色。多數青少年的自殘問題往往是長期家庭適應不良之下所引起，換言之，家人應對孩子的行為表達關切，勿讓孩子成為家中的「隱形人」，或是成為直接面對父母衝突的「代罪羔羊」。若能減少家庭權力、角色扭曲等現象，避免與家庭情緒過度糾葛，將能降低青少年自殘行為的發生率。

5 **強化師生關係：**除了家庭因素，學校生活是另一個影響孩子身心健康的重要因素。通常在看待學校環境的影響時，多強調同儕的角色，父母可留意孩子與同學之間的互動，若有爭執、遭到排擠的情形，引導孩子說出來，並幫他評估可以如何處理；此外，教師在情緒方面的表達也是影響青少年行為的重要因素。

自殘行為在許多人眼裡多半只是一種偏差行為，有自殘傾向的青少年被普遍認定是問題少年。然而在環境因素的交錯影響下，生命對某些青少年而言，有太多無法承受之重，他們無力面對，也無法改變，所以他們可能選擇「自殘」這條路來處理他們的困境。換言之，這些孩子並不是不懂得尊重或珍惜自己的身體，而是紛亂的生活壓力，加上欠缺適當的宣洩管道，使他們選擇了傷害自己的行徑來解決問題。父母若能及時提供一些具體的協助，降低環境因素的負面影響，將能有效預防青少年自殘行為的發生與持續。

教養現場朵朵小語

正值青春期的孩子，心思纖細又敏感，情感一旦受到傷害，就容易顯現出脆弱逃避的情緒，遭遇難以解決的問題時，也會出現手足無措的情形。因此，親子之間應時時交流彼此的喜怒哀樂，作為彼此的傾訴對象，互相建立化解情緒的勇氣，並學習從愛當中汲取正面能量，修復受傷的心情。

自然就是美╳我想變漂亮

對外在近乎苛求，孩子也瘋減肥和整型

追求外表的美好是每個人的天性，正值青春期的青少年們也不例外；父母應該給予孩子健康就是美的觀念，對外貌和身材不過度吹毛求疵，並培養內在的良善和美麗。

電視上，正在轉播韓國女子團體勁歌熱舞的畫面，團體裡的女星，張著圓亮的大眼，眼神魅惑，而且個個有著高挑纖瘦的體態和小巧精緻的臉蛋，細肩帶背心搭配貼身短褲，擠眉弄眼地跳著舞，性感又可愛，好身材也展露無遺。

「妳們的身材讓很多人既羨慕又忌妒，請分享一下瘦身祕訣，要怎麼做才能保持完美身材呢？」韓國女子團體表演過後，主持人接著訪問團體中的女星。

「每天都很努力地維持呢！首先，炸烤的食物和甜食幾乎完全不吃，早餐吃一小條地瓜搭配牛奶或豆漿，中餐自己帶低卡便當，晚餐吃一份不加醬的生菜沙拉或水煮青菜，晚上六點後就要禁食，加上每天固定的運動量和跳舞的訓練課程。」韓國團體的女星一邊說，一邊展示自備的低卡便當，裡面有花椰菜、雞胸肉和一顆雞蛋，而且全部都是水煮的，只以鹽和胡椒簡單調味。

高中二年級的琪琪出神地看著電視上的女明星，她低頭看看自己略為圓潤的身材，再看看電視上苗條纖瘦的女明星，突然覺得很羨慕；她拿出鏡子，從鏡中仔細端詳自己的五官，單眼皮的她，眼睛不算大，臉頰肉肉的，而且鼻子也不挺，嘴唇甚至有點太大，她愈看自己愈不滿意，再看向電視裡濃眉大眼、鼻樑挺直、嘴唇小巧紅潤的女明星，不禁覺得好自卑。

「要是我也能擁有那樣的身材和容貌就好了，瘦下來不僅穿衣服會比較好看，也可以交到更多朋友，說不定還能交到帥一點的男朋友。」琪琪內心充滿各種變美後的想像，並默默決定開始減肥。

隔天早上，琪琪吃了一片吐司、喝了一杯牛奶後，便出門上學；中午她在合作社買了一顆茶葉蛋和一份沙拉當午餐，到了晚餐，琪琪跟媽媽說：「我今天不太餓，只想吃點菜。」

媽媽覺得琪琪有點不尋常，詢問她是否感冒或生病了，但女兒都說沒有，媽媽也就不勉強她，只見琪琪吃了半碗炒青菜當晚餐就說飽了；晚餐過後，媽媽切了一盤水果，琪琪一口都沒吃。原本媽媽對此不以為意，但沒想到連續三天，琪琪每天晚上都只吃一點點，讓媽媽覺得很奇怪，便追問女兒：「琪琪，妳到底怎麼了？是不是身體不舒服？不然怎麼都只吃一點點呢？」

此時，琪琪才支支吾吾地說：「沒有啦！我只是想要變瘦一點。」

「妳現在正值發育的時期，身體需要營養，如果節食過度，健康可能會出問題呀！」媽媽擔心地說。

「沒那麼嚴重啦！我看電視上的女明星每個都又瘦又美，也沒有不健康的樣子，我想要變得跟他們一樣。」琪琪帶著羨慕的語氣。

「有很多明星為了上鏡好看，的確會進行嚴格的飲食控管和大量運動訓練，才能維持纖瘦體態，但長期下來，勢必會導致營養不均衡！而且如果妳真的想變瘦，可以戒掉高熱量又不健康的油炸食品或零食，並且保持定時運動的習慣，用這麼偏激的方法減肥，不僅會讓腸胃受損，使營養難以吸收，復胖率也很高！」媽媽苦口婆心地勸說。

「我也知道這樣行不通，而且才第三天，我就已經餓得發昏了。」琪琪忍不住想投降。

「妳知道就好，只要不暴飲暴食，維持運動習慣，就可以健康瘦下來。」

「我還是等存夠錢，再一起用好了。」

「妳要存錢做什麼？」媽媽覺得疑惑。

「整型啊！那些明星其實也不全然是靠運動和飲食控制瘦下來的，有些部位不容易瘦，只好仰賴醫美雕塑身材，而且韓國明星視整型為家常便飯，幾乎都整得很漂亮，我也想要在大腿和肚子做抽脂手術，還要割雙眼皮加上開眼頭，讓眼睛變大，然後在鼻樑上打玻尿酸……」

聽著琪琪滔滔不絕地說自己有多嚮往整型，媽媽忍不住皺起眉頭，醫美行業近年來變得更加盛行，許多人受到偶像明星的影響，渴望擁有一樣俊俏或美麗的面孔和身材，身為家長雖然可以理解女兒的想法，但她卻不知道該如何反應才好，直接鼓勵或反對好像都不太對，她不禁苦惱，要給孩子什麼樣的價值觀才正確呢？

教孩子欣賞獨一無二的自己

兒童福利聯盟曾針對「臺灣青少年身體形象與整型態度調查」報告，在兩千八百位國高中學生心目中，近七百位學生與故事中的琪琪一樣，認為自己的身材外貌不合格，其中女生比男生多出近一成五，尤其隨著年齡漸長，少男少女們對自己的體型和外表越不滿意。

青少年的審美觀念

故事中的琪琪一心渴求整型，家長對於兒女過度追求外貌的行為，應先詢問真實的原因為何，如琪琪是為了跟隨韓星的潮流，那麼父母可進一步說明，明星能獲得眾多粉絲的喜愛並非純粹依靠外表，其過人的表演才華和努力的性格，才是真正的因素，藉此告訴孩子追求外表應適度，努力不懈的精神是更值得敬佩和追求的美好。

專家表示，青少年對外型的認知，受媒體影響最大，家長應告訴兒女不應單從外在評價建立自己的價值，因為外在的美好容易流逝，但內在的美好卻是恆久不變。

調查指出，多數男生認為自己太瘦，而女生則認為自己太胖。進一步分析，男生最不滿意的部分為肌肉、腿和腰腹；女生則不滿意腿、腰腹和膚色，多數女生更認為美女要符合腿很長、皮膚白和雙眼皮等條件。

為了讓自己有更好的體態，有兩成三的少年正在進行節食減肥，其中女生所佔比例高出男生，而這些節食減肥的人，有高達六成的人BMI值為正常或過輕，換句話說，根本不需要減肥。

有超過三分之一的男生認為外在美比內在美重要、百分之六十三點七表示外表好看的人較讓人喜歡。雖然現在已明文禁止醫師對未成年人做整型行為，但考慮整型的青少年仍有一成三，女生想整型及接受侵入性美容手術的比例均較男生高。

詢問青少年對整型的態度，逾四成六認同為了變美而整型，逾二成四認為整型的好處大過風險，並且超過半數覺得整型並非不是沒自信的人才會做的事。為了避免孩子過度重視外在，家長應避免稱讚或批評孩子的外表，因為這類關於外貌的言語，會使孩子產生單一的審美觀，覺得眼睛大、睫毛長、皮膚白皙、身材纖瘦才是美，如此將使孩子的審美觀念變得狹隘。

提倡健康就是美的觀念

根據研究顯示，目前有愈來愈多的青少年（尤其以女生居多）開始節食，有些甚至出現厭食的現象，而減肥者年齡層也日益降低，原因不外乎是整個社會風氣的影響。尤其電視裡的明星、伸展台上的模特兒為了上鏡或穿衣好看，個個都是名符其實的「紙片人」，大眾對他們的身材總是加以稱讚，無形中影響每個人的審美觀及價值觀，使青少年自認為「是不是我太胖了」，或是苛求自己「要是肚子、大腿和臉再瘦一點就會更好」，進而厲行減肥措施。甚至有醫生曾遇過八歲小孩開始擔心自己的體重過重，可見瘦就是美的社會風氣已影響下一代的觀念和健康。

為什麼孩子從小就那麼注重身材？小時候，父母可能會開玩笑地和孩子說：「你肚子圓滾滾的，臉肉肉的，好可愛！」父母無心的玩笑話，會在孩子心中產生「自己很胖」的想法，因此，父母應盡量避免批評、稱讚或針對孩子的外表做評論，以免兒女將外表和體態看得太過重要。

家長應教導孩子尊重身體的需求及營養，將重點擺在健康上，無論身材纖瘦或豐腴，都不能任意用不健康的方式對待身體，否則就等於是剝奪身體攝取營養的權利，應帶著孩子了解並分享節食、減肥會造成的身體危害，如腸胃吸收率下降、營養失調、面色枯黃等，讓孩子進一步認同擁有健美的身體才是最重要的，並傳達健康和自然體態才是美的觀念。

除了照顧孩子的心理層面以外，父母對各階段的營養攝取也要有基本常識，並隨時建立他們正確的飲食觀念，避免孩子隨波逐流，採取激烈的節食或錯誤的減肥方式，一味追求瘦的境界。

給孩子健康的觀念也是很重要的教養，尤其在青春期的發育期間，營養需求特別高。通常女孩發育較早，且在十五到十八歲的區間出現營養需求高峰期；而男性的營養需求高峰期則出現在十九到二十歲。每個人依照體質和活動量的不同，每天大約需要一千五到三千大卡不等的熱量。

其中，身體需求的熱量應該有一半來自碳水化合物，百分之十五來自蛋白質，脂肪則佔百分之三十以下。而身體實際所需熱量，必須視每天消耗的熱量而定；如果是運動量較大的孩子，身體需要的熱量就會比較多，即使運動量小的孩子，也必須維持均衡的飲食攝取，才會有良好的身體機能。

善用實例說話

父母若經常將焦點放在外貌和身材上，再加上媒體對瘦即是美的渲染，容易使青少年認為自己要很瘦才符合審美觀。

針對孩子不健康的減肥方式，家長除了提倡健康就是美的觀念之外，也可以蒐集相關資訊給亂減肥的青少年警惕。如法國女演員兼模特兒卡蘿，即因厭食症而病逝，死時年僅二十八歲，體重不到三十公斤。這樣的體重在醫師眼裡，是名符其實的「紙片人」，名模卡蘿曾接受節目訪問，暢談自己的模特兒生涯，十三歲入行的她，第一件事就是減肥，因為在時尚圈當中，沒有肥胖的名模。卡蘿因此得了厭食症，骨瘦如柴的她也利用自身經驗出書，獻身警告瘦就是美，根本是錯誤觀念。

模特兒因厭食症，導致器官衰竭而死亡的例子，在歐美時有所聞，因此，西班牙立法禁用過瘦的模特兒，法國也發動立法嚴禁公開鼓吹紙片人。紙片人是一種病態的美，若為了享「瘦」而得厭食症，實在太不值得了。

盡量以孩子熟知的人物為例，讓孩子明白瘦得不健康是多麼可怕的事情，如韓國天王Rain，擁有一身健壯精實的好身材，但他卻曾在節目中談到自己健康檢查時，醫師說他運動過量、減肥過度，加上事業忙碌、長期疲勞的緣故，對身體造成不小的損害，生理年齡已超過四十歲。

由此可知，並非少吃多運動就能健康減肥，若吃得不健康、吃太少，甚至運動過量，對身體而言都是負擔。

不要自卑，找到每個孩子身上的亮點

青少年的自信心很容易被外在影響，若孩子沒有堅定的意志，將更容易受到外界的煽動。青少年採取激烈減肥或整型的最大動機無非是想要更美麗，希望別人更重視他，將眼光聚焦在他身上，但卻忽略追求外表的風險，尤其整型需要充足的心理建設和術後維護，並非一勞永逸的。所以，除了讓孩子明白整型需要考量的因素外，追求提升心靈層次的境界更加重要。

整型的風險和心理準備

韓劇和偶像劇已風靡臺灣多年，劇中男女主角亮麗英挺的外型吸引著青少年。崇拜和嚮往偶像美貌的他們，難免因懷抱憧憬而嘗試整型美容，但許多接受整型的青少年並不了解在整型前和術後漫長的復原期當中，需要多少心理準備，有人會抱怨手術效果沒有當初想像的好，有人則表示手術造成生活的不便，甚至有人要求醫師幫他們整回原本的容貌。

除此之外，也有整型失敗的風險，新聞曾報導一位年輕女性為了讓臉變小而進行削骨手術，結果手術後，反而導致臉部出現明顯缺陷，使患者身心嚴重受創，從那時起便自信心大落，經常把自己關在家中不願出門，家人苦口婆心勸導也無效，造成一生的遺憾。若青少年真的了解手術都會有風險，是否依然堅持挨刀？以下即列出家長和孩子討論整型時，務必要考量的重點。

❶ **術前評估：**若是為了矯正先天缺陷或因受傷導致肢體變形，而必須接受整型手術，這是無可厚非的情形。然而，如果單純為了「變臉」而整型，請務必慎重評估手術後所可能產生的各種狀況。有些人的整型手術並沒有失敗，但他們過了一陣子之後卻反悔，想要恢復原本的樣貌，已是不太可能，故手術前務必三思。

❷ **認清風險：**須確認自己是否具備正確的動機，心態是否成熟；此外，手術前也應和醫師充分溝通，以徹底了解手術風險和術後照料，在確實明白整型風險後再進行手術，較不容易後悔。而具有專業及醫德的整型外科醫師，也應先行評估整型者的生理和情緒成熟度，以詳細說明手術過程及潛在風險。

❸ **整型心態：**若孩子並沒有任何生理缺陷，但卻很渴望整型，請務必耐心找出這份堅持背後的原因，是為了效法偶像？同儕效應？或是遭人嘲弄、喪失自信？請協助孩子建立自信心和健康形象，因為一個人的價值，往往是取決於「當事人」如何看待自己。

任何手術或外力整型都有風險，也可能影響到正常發育，兒童福利聯盟也為此發起「新美感運動」，呼籲媒體環境建構「多元美」，不要只透過化妝、燈光、修圖技術來強力放送美感標準；大人也要鼓勵「健康美」；更重要的是青少年應培養愛自己的「自信美」，不要追求他人設立的美感或難以達成的美，而該發掘自己的美好和優點，學會欣賞自己的獨特之處。

試著詢問孩子，交朋友的時候，考量的是外表還是個性？相信多數的孩子都會認為善解人意的個性，比美麗英俊的外表更重要；此時可進一步教他學習檢視自身的性格優點，幫孩子找到亮點，告訴他這才是最難能可貴的優勢。

教養現場朵朵小語

一個人真正的價值，應是來自生命最先被創造的美好，原有的美好是在父母的孕育和照顧下所形成。然而，孩子若不能滿足於外在時，應引導他們以賞識的眼光看待自己，並幫助孩子由內而外地建立自信心。

現在談戀愛太早了 × 我就是喜歡他

陪孩子經歷戀愛的甜美、好好談分手

愛情來的時候，擋都擋不住，無論孩子是在戀愛中或失戀了，家長都要陪在孩子身邊品嚐愛情的酸甜苦辣，幫助孩子將青春愛戀，化成人生的養分。

馨慧一家人每天都會聚在餐桌前一起吃晚餐，因為這是全家人交流的時刻，爸爸偶爾會談論工作上的事，媽媽喜歡聊親朋好友家發生的事，但大多時候，他們是很棒的傾聽者，總是專心聆聽女兒馨慧分享學校的生活點滴，而且對一個剛上國中的女生來說，學校實在有太多新鮮事可以分享了。

今天晚上一如往常，大家坐在餐桌前開心地邊吃飯邊聊天。突然，馨慧語出驚人地說：「我正在和班上的小豪交往中。」

爸媽一聽到，嘴裡的飯差點噴出來。

「什麼？小豪是誰？你們交往多久了？他家住哪？他成績好嗎？」爸爸一時難以接受，霹靂啪啦地問出一連串問題。

「你們交往到什麼程度了?牽手了嗎?老師和對方家長知道嗎?」媽媽也著急地連問好幾個問題。

「你們一下子問這麼多問題,我該怎麼回答!」馨慧面對爸媽的問題攻勢,一時之間也答不上來。

「妳才國二,現在談戀愛也未免太早了吧!」爸爸忍不住表示反對。

「就是說啊!而且你們才剛認識沒多久吧!」媽媽也覺得女兒現在談戀愛實在太早了,才十四歲就交男朋友,這讓媽媽一點心理準備也沒有。

「我知道你們想說什麼,我還年輕、我還小、讀書比較重要,這些我都知道,但我就是喜歡他呀!」馨慧的口氣中透露出戀愛至上的態度。

「喜歡?妳真的知道什麼叫『喜歡』嗎?」爸爸問。

「我當然知道啊!不要把我當三歲小孩!」馨慧開始有點不耐煩。

媽媽認為女兒的個性比較感性,現在交男朋友一定很容易分心,並且影響功課,但若反對得太直接,馨慧一定覺得難以接受,甚至會強烈反彈,短暫思考後,媽媽對女兒說:「慢慢來,先對彼此有更深的認識再交往也不遲,愛情才會長長久久。」

「有什麼關係呢?現在感覺對了就在一起,搞不好下個月感覺就沒了。」

聽到馨慧的速食愛情觀,爸媽再度感到一陣驚嚇。

「妳現在的心態根本還不成熟，學人家談什麼戀愛呢？」爸爸再度向女兒勸說。

「你們大人以前的年代，不也都是年紀輕輕就論及婚嫁？我現在只不過談場戀愛，為什麼就不行？」馨慧不甘示弱地反抗。

爸爸媽媽聽了皆無從反駁，但是他們還是難以認同馨慧的交往觀念，這次的談話只好暫時無疾而終，他們叮囑女兒一定要懂得保護自己，並要她多觀察小豪是否為可靠的男朋友。

兩個禮拜後的某一天，媽媽如常準備晚餐，當全家人聚在一起即將開動，她才發現馨慧的眼睛又紅又腫，像是剛剛哭過，一問之下，女兒才坦承自己與小豪分手了。

「之前不是還好好的，怎麼突然就分手了？」得知女兒分手，爸爸放下了心中大石，但他還是不捨女兒受委屈。

「小豪他……他想要親我，但是我拒絕他，他就生氣地推了我一把，然後就吵著說我不夠愛他，所以要和我分手。」馨慧一邊說，眼淚一邊滑落。

爸爸和媽媽最擔心的事情終於還是發生了，他們不願意孩子太早談戀愛，除了擔心會影響課業之外，更怕孩子從不成熟的戀愛中受到傷害，也很擔心年紀尚輕的女兒，會因為太早談戀愛而初嘗禁果，甚至怕女兒不懂得保護自己，或不懂得拒絕對方的要求。如今他們只能好好開導馨慧，陪她走出失戀的傷痛，並幫助她正確體驗愛情的世界。

分享感情經驗，培養正向愛情觀

青春期的孩子談戀愛了，身為家長的你，第一個反應是什麼？憤怒？堅決反對？擔心過早有親密經驗？害怕孩子受到傷害？有條件贊成？全心祝福？其實，很多父母都很反對孩子太早談戀愛，其表面上是說孩子年紀還小，怕影響課業和生活；但實際上，是因為家長不知該如何處理，所以只好以反對或禁止的態度面對。

但是，愛情並不會因為反對和禁止就不發生。愛情來的時候，擋都擋不住。所以，心理諮商師和輔導老師都一致認為，反對和禁止的態度只會將孩子往外推，使孩子因不敢坦白而隱瞞；與其讓孩子偷偷摸摸地談戀愛，不妨敞開心胸將檯面下的問題直接攤在陽光下，青少年戀愛的危險性將會降低很多。

此外，兩性關係是人際關係的一種，只要不發展出過從甚密的關係，每個孩子都必須與異性相處，讓孩子知道，談戀愛可以是一種美好的學習和生命經驗。

青少年談戀愛，父母心情調整四原則

面對孩子談戀愛，父母也許就像故事中的爸媽，覺得還沒準備好。專家建議，父母得知兒女戀愛時，調適心情應掌握以下四原則：

1. **要沉著**：當下不要太快反應，立刻表示反對或急著當愛情軍師；建議父母，保留一個談話的空

間，感激孩子願意告訴你，預告這會是一個很特別的經驗，讓孩子覺得你很健康地看待這件事，即使你心裡很反對，也不要立刻問對方條件、家世，免得讓孩子感覺你用成績等外在條件評斷他的感情。

2 找到孩子信任、可以暢所欲言的人：親戚、老師或朋友都可以是孩子願意談話的對象，有時孩子不能、也不願跟父母談約會細節時，如果有一位值得信任的對象能聆聽孩子感受，可使孩子較不致於盲目投入眼前這段關係。尤其對女孩而言，有關男友的親密行為很難跟父母啟齒，第三者的意見可以提醒她不要糊里糊塗地把自己奉獻出去，或避免約會暴力。

3 支持孩子，讓戀情公開化：邀請孩子的男女朋友來到家中，讓對方知道，這段戀情有家長的支持和祝福。盡量採取開放的親子教養態度，兒女才會主動或願意告知和男友或女友的交往過程，親子間也才能以信任的態度彼此溝通。

4 分享自己的戀愛、失戀經驗：經驗分享是很好的身教，若現代父母經常高高在上，孩子會覺得不易親近。如果父母告訴孩子自己也曾經在愛裡迷失、跌倒過，會讓孩子學到愛情是人生必修的學問；父母也可以在經驗分享時，提醒孩子從關懷、責任、尊重和了解去檢視自己的愛情。

一般來說，未獲得爸媽支持和理解的孩子，會特別需要被呵護，所以投入感情的時間、精力和對情感的連結都會比較強。而且與家人關係不穩定的孩子，比較容易用身體去填補內心的缺口，從性關係中尋求溫暖和安全感，因此，家長務必要教導孩子尊重自己的身體。

尊重自己，學會說「不」

學會尊重自己是一劑最好的預防針。先尊重自己，教導孩子在關係中有意識和有能力說「我不喜歡」、「我不舒服」。

生活的拓展很重要，不要讓孩子太過倚賴一個人，父母在孩子小時候可以製造機會，累積與其他同齡異性互動的經驗。而過度被保護的孩子，尤其是女兒，就像溫室中的花朵，好不容易走出溫室，就以為眼前的對象是世界上唯一的真命天子。因此，父母在孩子還沒有異性朋友之前，就應鼓勵孩子有群體互動，保持開放的態度，無論異性或同性之間的交友皆如是。

對於愛情，男孩女孩因為生理構造不同，有不同的感受；對於性，也不能用道德框架去勸退。根據專家觀察，多年來不論觀念如何開放，女生依然比較容易為了維繫關係，而委屈自己。

父母應適時提醒青少年，愛情有兩種：一種是心靈的交流，兩人世界裡發生的所有事情、各種情緒都想跟對方分享，彼此在心中有很特別的位置；另一種愛情則是在一起時，會花很多時間探索彼此的身體。

一旦快速的進展到性行為，就很難再回到心靈上的交流，所以家長應教導女生懂得保護自己，並要有約會地點的主導權。

父母可直接對孩子說，當兩人到幽暗私密的地方如公園、對方家中約會時，也許女生覺得兩人世界很甜蜜；但男生很可能會有生理反應、勃起的現象，因而想發生親密關係。這不代表男生是色狼，只是因為性別的差異，而有不同的生理或心理反應，因此，女生若尚未準備好要進展到親密行為，應避免和男生單獨相處，約會也應選在公眾場合，並懂得去尊重自己的身體，明白戀愛不是只有慾望而已。

正面討論性愛的責任

如何讓孩子用健康的心態面對「性」這件事呢？其實，家長對於性這件事，不需要刻意抱持避諱的態度。父母常有鴕鳥心態，自己看不到，就當作事情沒發生；發現青春期兒女的行為有異時，又總是第一個檢查小孩的手機內容。如果親子間無法好好溝通，即使採取滴水不漏的「嚴密監控」也無助解決問題。

即使家長避而不談，學校也會宣導性教育，十五歲的孩子就曾回家說：「今天有一堂課，老師提著一袋香蕉和小黃瓜進來，一男一女一組，發給每一組香蕉或小黃瓜，再發一個保險套，然後教學生怎麼正確使用。」

當家長與孩子聊跟「性」有關的事時，絕不要用「會染病」、「會懷孕」、「會被對方告」等理由「嚇唬」孩子。現在網路資訊已經發達到無遠弗屆的地步了，父母若還在嚇孩子，真是太瞧不起這一代孩子的「知識程度」了。

從正向的心態出發，直接告訴孩子性愛並不可恥、更不可怕，但是要懂得愛護自己，不要讓自己的心因此受傷了。性和愛本是一體的兩面，沒有愛的性，不會感到幸福；因此，在不確定自己愛對方，或是信任對方到足以進行性愛之前，就別因為激情而輕易踏出那一步。

接受感情考驗的戀愛必修課

青少年的戀愛學分中，不可不知道的是，並不是所有的初戀或純純的愛，都注定要分手，但是，談戀愛必須能夠承受分手的磨練。分手也是一種學習和成長，經常輔導青少年的專家就觀察到，這一代的孩子對感情的抗壓性較低，一旦感情出現裂痕，很可能長時間都難以走出傷痛，故家人的支持顯得相當重要，甚至要引導兒女學習接受分手的事實。

三個原則，好好學分手

談分手是需要智慧的，尋找好的時機點提出，並抱持正向的心態，才能將分手的傷痛降到最低；此外，分手的人必須接受自己有一段時間會很孤單，這時，家人、朋友的陪伴特別重要。以下即列出教孩子分手要注意的三個原則：

1. **時機**：若心中產生分手的念頭，避免一再拖延，最好要在沒有第三者出現的情況下預先告知；否則被告知的一方會處在被劈腿的心態，就需要更長的時間療傷，且容易出現報復行為。
2. **地點**：盡量選在可以談話的公共場所，例如速食店、咖啡廳等，絕對不要單獨到僻靜的地方談判，以免一言不合而發生爭吵或更嚴重的衝突。

❸ **保持合理距離：** 和平理性地回到朋友關係，不要口出惡言。此外，分手大忌是經不起對方「哀求」而心軟，因為那會給對方希望和錯覺；無論男生或女生都不要用性來留住彼此，否則就會沒完沒了；一旦確定要分手，就一定要堅持、不受動搖，對方才能確定你真的要結束這段感情了。

被分手的失落感，會出現在一方要分、一方不願意分開的時候，想要維繫關係的那方，情緒會比較負面，甚至會批判對方。父母必須理解孩子失落的心情，引導他正面看待這段關係，鼓勵孩子思考維持兩人關係和感情的因素為何，如此一來，也能幫助自己在未來的人生路途上，創造並擁有更適合自己的感情。而不是落井下石，附和著說「反正他不夠好！」、「看吧！我早就告訴你了！」等話語，如此並不能幫助孩子從每一次的失落和挫敗經驗中學習走出分手傷痛。

分手需要時間撫平傷痛

在有分手經驗的學生中，有兩成的國中生和一成的高中職學生難以接受分手的打擊。此時，父母要練習同理心，陪伴在孩子身邊，而不僅是用道理去勸說。

好的情感教育，不是跟孩子一起氣得跳腳或同仇敵愾，而是告訴孩子，分手不代表你不好或他不好，可能只是不適合。分手也需要時間調適，即使父母希望不要影響功課、盡快恢復正常生活，仍必須給孩子走出分手陰霾的時間；尤其青少年多半覺得自己的感情很深刻，不喜歡被小看，或被視為膚淺。在此建議父母可對剛分手的孩子說：「你需要一點時間療傷，但爸媽會陪你。」

年輕生命中，有一段好好開始、好好結束的戀愛經驗能豐富人生經歷。欲將青春期的戀愛經驗，化成孩子人生的養分，家長其實扮演最關鍵的角色。面對逐漸長大的孩子，父母也要與時俱進的學習，關心孩子真正的心理健康和親密關係。

有滋養、穩固的親子關係，孩子在接納感情時，比較可以用理性的態度去看待。讓孩子了解愛情只是生活中的一部分，即使失去了，也不會是世界末日。

認識恐怖情人

在孩子的愛情世界裡，父母除了害怕孩子初嘗禁果、遭遇分手痛苦之外，最擔心的莫過於孩子遇到恐怖情人。親密關係當中的暴力不見得是打在身上的肉體痛楚，恐怖情人可能將親密關係裡的暴力行為合理化，尤其在不對等的互動關係中，孩子甚至會用身體去換取愛情，受盡委屈，被逼迫逐漸疏遠原有的人際關係都是常見的感情危機。聯合國世界衛生組織即定義伴侶的暴力形式可分為下列四種：

1 高壓控制，強烈的佔有慾：不允許男友或女友和朋友來往，並且必須隨時知道對方行蹤，甚至經常懷疑對方不忠等。

❷情緒虐待，不定期的情緒波動和言語傷害：批評對方的外貌、身材、能力等；不斷抬高自己身價、強調自己的厲害；以威脅傷害自己來鞏固關係；以凶惡眼神或吼叫、破壞物品來威嚇對方；當雙方起衝突時，總將所有過錯和責任推到對方身上。

❸肢體暴力：對伴侶身體各部位的攻擊；以拳頭或其他物品毆打；威脅使用武器對付等。

❹性暴力：以身體或武力脅迫對方發生性關係；伴侶因害怕對方做出傷害自己的行為，而發生性關係；或是讓對方感到人格受到羞辱情況下的性活動。

這些細微、私密的暴力關係，連大人都很不容易辨識，更何況許多青少年甚至不認為上述行為是暴力，而是愛的表現，以至於合理化上述行為。

父母可以在平常和孩子互動時，多鼓勵孩子觀察別人的交往狀況、聆聽其他的交往故事。這對於孩子釐清在這個階段該建立的兩性關係，是很有幫助的。此外，更需要和子女談談，什麼時候兩性關係應該要踩煞車；父母要讓子女知道，如果發現交往對象情緒不是很穩定、具有威脅性或對方邀約的地點可能不太安全，甚至感到威脅，這時無論如何都要先冷靜地想清楚，思考兩人的關係是否值得繼續下去。

最重要的是，讓孩子知道，在青春期階段，有心儀的異性是很棒的事，但要進展到更深入的兩人交往關係，必須等自己更成熟、進入成人期之後比較恰當。此外，如果因為太愛慕異性或已經向對方告白，以致於影響生活其他層面，例如影響課業、茶飯不思、親子關係緊張，或不跟其他人來往，這樣的兩性關係已經超過孩子的承載量，須多加留心觀察。

教養現場朵朵小語

面對孩子談戀愛，父母最為難的心情，是依舊要默默守候、不離不棄地陪伴在旁。即使孩子表面上不需要你，但他們裝酷耍帥的眼光，還是會不時瞄回父母身邊；表面上對你的話和價值觀嗤之以鼻，但父母對孩子的影響，遲早會從孩子身上顯露出來。

崇尚名牌沒必要 ✕ 有牌子的東西比較好看

揭開孩子拜金心理背後的欲望和空虛

穿得對遠比穿得貴還要重要，名牌的價值更不應逾越品格的價值；告訴孩子，追求名牌，不如提升自我價值，讓自己的內在很富有。

靜婷是小康家庭長大的孩子，父母給予她滿滿的愛，並教育孩子勤儉不貪求的價值觀，避免以昂貴物質滿足孩子的內心。所以，家長從不買多餘的玩具給靜婷，也不太會在百貨公司買昂貴的衣物給她。

女兒一直都很習慣爸媽的教育態度，從不覺得需要用名貴的東西來包裝自己，無論包包或服飾，都只講求實用耐穿。然而靜婷升上小學六年級後，開始會和三五好友去逛街買東西，她也因此逐漸認識幾個班上同學都很喜歡的知名品牌。

「我存了三個月的零用錢，再加上省下來的午餐錢，好不容易買到這一個我夢寐以求的包包。」好友小花開心地拿著新買的包包與靜婷分享。

靜婷仔細欣賞小花的千元背包，顏色和款式都很新穎，班上同學幾乎人人有買，而且小花背新包包到學校，成功贏得同學關注。她回家後，仔細看常背的包包，這是媽媽帶她去市場買的，雖然她當時並沒有特別喜歡，但是背久之後也漸漸習慣，而且這個包包非常堅固耐用。如今她看到小花和其他同學都擁有名牌背包，也心生羨慕地想要買；於是，她把這個願望告訴媽媽。

「媽，我想要買新背包。」靜婷拉著媽媽的手向她撒嬌。

「為什麼還要買？妳不是已經有背包了嗎？」媽媽不解地詢問。

「我的舊包包好醜，而且同學買的背包款式好好看，很多同學都在背，我也想要。」

「那一個要多少錢？」

「大概一千多塊吧！」

「這麼貴唷！三百塊的背包好看又耐用，為什麼一定要買上千塊的包包啊？」

「不一樣啦！三百塊的包包又沒有品牌logo，而且看起來好醜。」為了說服媽媽，靜婷接著說：「妳每次去喝喜酒還不是會穿那件在百貨公司買的洋裝，妳為什麼不穿其他在菜市場買的衣服？」

「話不能這麼說，媽媽有在賺錢，妳又沒有。」

「那我自己存錢買嘛！我拿自己的零用錢買總可以了吧！」

媽媽拗不過靜婷的請求，只好同意讓女兒買。但是自此之後，靜婷不只背包要買名牌，連衣服和鞋子也都有堅持的品牌，媽媽雖然不希望女兒如此崇尚品牌和拜金，但是靜婷並沒有央求媽媽花錢買，她都是靠自己努力省吃儉用的零用錢而買到，所以媽媽也不知道該如何阻止她。

由於媽媽給小孩的零用錢並不多，所以女兒為了早日買到想要的東西，會刻意不吃早餐，而省下早餐錢；或是不搭公車改用步行的方式以省下交通費，媽媽擔心靜婷不按時吃飯會影響健康，但又不想直接滿足女兒的物質欲望而買給她，身為母親，她實在不知道該如何是好……

植入「夠用就好」的物質觀念

多數孩子都像靜婷一樣，會受到同儕影響而對某些品牌有所偏好，家長可適度滿足孩子的需求，但也應使其了解知足常樂的觀念。

如故事所示，校園的同儕之間常會互相比較對方的穿戴，服飾配件的品牌代表個人品味和形象建立，為了取得認同，許多孩子陷入購買名牌迷思當中。什麼是名牌？名牌代表了知名度和美好的形象。雖然名牌並無絕對的定義，但普遍認為名牌的基本要素包括：極高的知名度、引領潮流、市場佔有率高、品質優良等；同時，消費者對它有信任感、安全感和榮譽感。

青少年瘋名牌

為了避免孩子像靜婷一樣陷入品牌迷思中，家長可試著準備兩個類似的包包，並要求孩子猜猜看哪一個的價值較高，前提是必須遮住牌子的標誌，在不知道品牌的情況下猜測價格，並藉此教育孩子並不是一定要名牌才好看。

美國最具權威的經濟周刊《金融世界》（Financial World）每年都公佈世界各大名牌價值的排名，大家熟悉的可口可樂、微軟或耐吉（NIKE）等世界名牌皆榜上有名，其市場價值均在五百億美元以上。據聯合國工業計劃署的調查表明，名牌在所有產品的品牌中，其所占比例不足百分之三，但名牌商品的市場佔有率卻高達百分之四十以上，銷售額占一半左右，可謂一種壟斷市場的現象。

而名牌可以壟斷市場的最大原因是「深受大眾喜愛」，而且其品牌的客戶不僅局限於金字塔頂端的消費者，連兒童或青少年亦為之瘋狂，其中包含名牌球鞋衣物、電腦手機等用品。

調查發現，時下青少年追求名牌有幾個主要原因。其一，為觀念的不同，年輕族群對於「量入為出」的概念似乎愈來愈薄弱，在「我靠自己的努力獲取，有什麼不可以？」的觀念掛帥下，追求潮流有了正當理由。

其次，現代的學生普遍希望自己的衣著打扮能獲得同儕的肯定和尊重，所以不少學生更會為了融入朋友圈子而改變裝扮，因為他們認為，外表可以為自己建立形象，避免給別人老套或不協調的印象，以結識更多朋友。

深究多數青少年擁護名牌的主因就是缺乏自我認同，所以才需要名牌加值。若是問孩子為何喜歡名牌？有些人會強調名牌的品質非凡，試圖以堅固耐用的論點合理化買名牌的行為。然而實際觀察消費行徑，發現對於愛用名牌的青少年而言，品質其實不是最主要的因素，只要logo夠明顯，不實用的吊飾或材質普通的商品同樣可以熱賣。

教育正確的購買心態

家長不妨協助孩子反求諸己、自我充實，讓孩子塑造由內而外散發出來的氣質，才是歷久不衰的獨特品味。

父母應讓孩子思考買昂貴物品的原因和心態，使其想想有沒有必要屈從消費主義。以免讓孩子衝動購物，或是為了迎合他人的心情而購買。

之前曾有新聞指出，現今的小學生普遍恐懼「便服日」，便服日一開始的出發點是給予孩子適當的自由發揮，不拘束於傳統制服的觀念中，卻成為孩子與他人比較衣著華貴與否的壓力來源，其根本原因在於學生欲打造自己的形象來獲得同儕尊重。

事實上，求學階段的孩子尚無工作賺錢的能力，除非家長特意縱容孩子享受物質生活，否則，多數的孩子需要縮衣節食才能買得起名牌，故家長應讓孩子反思這麼做有沒有必要？自己是不是真正的需要？家長可利用以下問題讓孩子思考，別讓孩子變得為買而買。

1 為什麼要買：「我覺得很好看。」、「我喜歡那個logo。」、「我需要這樣東西。」，當孩子想買某樣東西時，應該說服的是自己而不是父母，認清自己是出於需求還是欲望，就不會輕易沉淪物質引誘。

有沒有更划算的選擇：家長不需要強逼孩子買根本不喜歡的物品，但可以陪孩子找出替代方案，或退而求其次的選擇，例如孩子想買最新款的手機，但價格過於昂貴，是否有其他款式類似，功能差不多，但較為平價的選擇呢？讓兒女試著多方考量，選購真正符合需求的物品，並從價格、實用性、性價比等方面思考，可避免孩子擁有想買就買、想要就買的心態。

值得嗎：孩子選擇放棄生活品質，省吃儉用以追求物質的做法是否有價值？為了買名牌，破壞自己的健康或是做出失衡的財務分配，都是有欠思量且不成熟的作為，身為家長更應提醒孩子踏實生活、量力而為。

比買名牌更值得的花費

很多孩子會說：「我不偷不搶，靠我自己省吃儉用的錢，拿去買名牌有何不可？」其實孩子的說法並沒有不對，家長無須與孩子爭執拜金行為的對錯，但可於平時陪孩子做一些比買名牌更有意義、更有價值的事情，改變其價值觀，同時使兒女了解，獲得尊敬、友誼和滿足感其實有很多方法可以達成。以下即提供使金錢更有意義的用途給父母們參考：

捐款行善：父母給孩子零用錢，是為了訓練他們做適當地規劃，進而善用錢財。但孩子拿到錢的第一個想法，通常是為了滿足自己的物質願望；此時，父母不妨告訴孩子金錢除了可以買東西之外，其實還能捐款做善事並幫助別人，教孩子捐出部分零用錢培養孩子的善心，也可以讓心靈得到滿足。如臺灣的愛心阿嬤陳樹菊曾說：「金錢，只對有需要的人才有意義。」她是市場的一位菜販，平時省吃儉用，卻樂於行善，多年來捐出近一千萬新台幣作為慈善用途，包括幫助兒童和孤兒，以及建立圖書館等；她捐出來的錢不是用來打扮自己，也不是用來享受生活，她依然辛苦賣菜，努力存錢，只為了幫助更多比她更需要金錢的人。

2 **增長見聞：**買一本書、看一場電影、欣賞展覽或是一場旅行都需要花錢，雖然未必有實質物品的獲得，但是從中汲取的生活體驗卻比名牌更加珍貴。

3 **內在的富有：**當孩子為了買名牌而必須省吃儉用時，身心都是貧乏的，亦不會感到快樂；當昂貴物品到手後，也許會有短暫的快樂，但是，流行不持久，很快就會被取而代之，再換一批新潮流，孩子也因追逐另一樣名牌物品而永遠不知足。所以，教孩子簡單生活，隨時充滿感激，珍惜自己擁有的，才能知足常樂。

找到自我定位而不是花錢買品味

小時候，父母教孩子節儉時，總不忘說：「賺錢不易，所以要勤儉。」結果，有些孩子領悟不到這句話的真意，反而在學生時代拚命打工賺錢，以求物質享受。

大人要小孩節儉，常會連帶傳達「錢不夠用」的訊息。小小心靈裡，這訊息常會轉化成「要有更多錢」的急迫感。所以，家長強調金錢的重要性時，應同時讓孩子認識更多錢財無法換取的經驗和自我認同，才不會養成兒女的拜金性格。例如課業優秀的學生，會從成績肯定自己；依此類推，協助孩子發揮善心、熱心助人、展現毅力、勇氣等都可以幫小孩找到自己的定位，肯定並認同自我，而不需要以金錢包裝出一個美麗的假象。

換句話說，盡情釋放每個孩子的正向人格特質，就能讓孩子找到人生的意義和價值，當然也能獲得他人的尊重和心靈的富裕。

不可忽視的理財教育

青春期的孩子對金錢和物品都有自主性，此時期教孩子管理金錢，能讓孩子養成不被物欲控制的態度，以及擁有自主的經濟能力。這是孩子未來能夠走向獨立、快樂的關鍵。

培養青少年的理財觀

孩子的理財能力必須及早開始培養，從孩子懂得拿錢買東西時，就可以逐步灌輸金錢觀念，孩子越大，對物質的願望也變得越多，父母更應該打破迷思，重建理財的基礎觀念：

1. **埋下價值觀種子才是關鍵：**理財教育不是只靠家長說教，或教室裡的幾堂課就能教會孩子正確的價值觀。理財教育最根本的目的是，希望孩子可以從商業行銷瞄準的俘虜，成為一個不被欲望控制的人，也就是做金錢的主人。在此強調，理財教育的重點應該是教孩子善用金錢，而不是教投資的知識和技巧；其目的在於讓孩子知道世界上資源是有限的，人的欲望必須被節制，學會珍惜與分享。為人父母應該讓孩子明瞭，孩子跟父母要求額外金錢去看電影，或購買喜歡的東西是「特權」，不該視為理所當然，因為在真實社會中，爸媽必須辛苦工作賺取報酬，所以金錢的運用應該以不浪費為原則；若父母的教養都是用物質來滿足孩子，以後孩子就會用物質來滿足自己；要建立起健康的金錢價值觀，如同建立好的飲食習慣和學習一種外語，無法速成。藉由不斷地學習，以及父母身教的帶領下，孩子才能擁有正確金錢觀，做為成長的養分。

❷ 每天的生活都是活生生的理財課：

父母其實是孩子理財教育最重要的老師。根據調查，有六成七的青少年認為，父母對自己的金錢價值觀影響最大。臺灣的「財金智慧教育推廣協會」也曾調查上千位年輕父母，其中八成三認為自己的金錢觀受父母影響。父母以為自己不會教理財，卻不知每日的一言一行，不管有心或無意，都在打造孩子的價值觀；父母應該要體會到自己對孩子價值觀有重要的影響，從日常生活中，利用機會跟孩子分享生活上的理財課。王品集團總裁戴勝益年輕時曾是「小開」，創業失敗多次，才有今天的成果。他深深感受到擁有超過生活所需的錢，會讓孩子失去自律的能力；所以，他決定斬斷孩子的後路，王品股票上市後，把八成的財產捐出來，以免孩子因富足的生活環境，而失去努力耕耘的動力。一般的父母，不一定要效法戴勝益的做法，卻可以反思自己的身教。父母可以檢視自己日常生活中的行為，是不是能展現健康的價值觀，如「我是否有節儉的習慣？」、「孩子常看到我在量販店買東西，還是百貨公司精品店？」、「孩子是否常常看到我把逛街買東西當做娛樂，而不是購買生活必需品？」、「我會等打折時才下手購買嗎？」、「買昂貴物品時會不會貨比三家？」、「購買產品時是重視品牌？還是重視品質？」、「是否常常跟孩子分析在不同商店購買東西時，必須付出不同的價值？」

3 價值觀無法速成：教孩子理財很重要，督促孩子記帳、引導並培養儲蓄習慣要花不少心思。過去的父母會認為教孩子理財還不急，但是外在的環境變化太快，價值觀的形成卻很花時間。美國品格教育專家大衛森博士（Matt Davidson）形容：「現在科技和媒體的前進時速是每小時一五〇公里，但品格教育的進展可能只有每小時十公里。科技和媒體前進的時速，並不會因為父母、老師的擔憂減速，而品格和價值教育，就像練肌肉，需要時間慢慢鍛鍊。」親職教育專家對青少年父母進行調查後發現，若一個月賺十塊錢，父母們多半會覺得恰當的花費是四～八元；但現在的年輕人可能覺得花九元、十元很正常，甚至多花十二元、十四元；試問，父母若從來不在生活中帶領孩子節儉力行地生活，經常談論的只是哪一家下午茶好喝，哪些新商品又要上市，要如何期待子女建立一個健康的價值觀呢？因此，理財教育刻不容緩，不能再等。

4 要給孩子「花錢」的機會：有些父母擔心孩子有錢後，會有太多的消費欲望，養成亂花錢的習慣，因此採取全面控管的做法，盡量不給孩子花費的機會；但是，父母能夠永遠扮演孩子的財務長嗎？從小，給孩子適度的零用錢，並且創造讓他支配的空間，是重要的學習過程，過程當中，成功關鍵則在於父母能否信任子女，適度放手。讓孩子學習負擔生活中的花費，才能在錢財規劃中找到成就感；建立正向金錢觀念，青少年才不容易成為卡債族；訓練孩子在支配金錢的過程中，慢慢掌握收支平衡和控制購買欲望的原則。

這一代的青少年過得比父母和祖父母一輩都更富裕，也更易受到物質的誘惑。因此，他們需要的理財能力，是如何藉由這樣的富裕，找到人生的意義，追求更大的夢想；學習當金錢的主人，而不是把追求更多的金錢當做人生目的，最後變成欲望的奴隸。

教養現場朵朵小語

《論語．述而》篇有言：「奢則不遜，儉則固，與其不遜也，寧固。」孔子認為奢侈的壞影響是不謙遜，儉的壞影響是孤陋寡聞、頭腦頑固。由此可證，孔子認為過度豪奢和過於節儉都不好，他的理想是不奢亦不儉，維持中庸之道，這也是親子間應該共存的理財觀念。

爸媽竟變成孩子的僕人×我想怎樣就要怎樣

治癒現代青少年的公主病和王子病

青少年一天到晚愛抱怨，卻從來不認爲問題在他身上？甚至動不動就要求救，總是要父母做這個、做那個，卻從不反省，也不懂得爲他人著想，小心！孩子變得愈來愈「傲嬌」！

偉達出生於小康家庭，爸爸是一名工程師，媽媽則是普通的家庭主婦，父母只有偉達一個兒子，所以給了他全心全意的愛，並且特別重視對兒子的學業教育。兒子在夫妻倆的悉心栽培下，小學全校排名不僅年年第一，國中還因成績優異代表學校參加數學競賽，傑出的課業表現讓父母甚是欣慰。

望子成龍的心情，天下父母無一不是！偉達的爸媽與其他家長一樣，從小就對自己的孩子寄予厚望，偉達的媽媽每每看到電視裡受訪的著名醫生、律師和教授等傑出人士，都是畢業至聲名遠播的名校，她便深深感覺到知識對一個人成功的重要性，更相信只要學識豐富就能行遍天下，無論身在何處，都能出類拔萃。

偉達出生後沒多久，還只是兩三個月大的小嬰兒時，媽媽便開始實施「在家教學」的策略，她在牆上貼滿九九乘法、唐詩三百首，以及小學課本裡的課文和詞曲等，媽媽期望孩子能在潛移默化中，啟發高人一等的智能，而偉達在課業上的傑出表現也的確從未讓家中二老失望。

然而，只要偉達的課業成績表現優良，爸媽對於兒子的請求幾乎是百依百順，自小就嬌生慣養的他，看到喜歡的東西一定會吵著要買，爸媽也都順著兒子的心意，平常偉達也總是過著茶來伸手、飯來張口的日子，從不做半點家事，對於洗衣疊被、煮飯打掃更是一竅不通；而且每天上下學都要媽媽專車接送，即使走路去學校不過五分鐘路程；要是媽媽因故耽擱，晚了幾分鐘才到，兒子就會責怪、抱怨媽媽遲到，甚至因此大發脾氣。爸媽幾乎成了兒子的僕人兼司機，但卻無怨無悔、毫無怨言。

有一天，偉達的媽媽接到學校老師的電話，請她到校一趟。媽媽急忙來到導師辦公室，她看見自己的孩子理直氣壯、一臉不以為然地站在老師身旁，媽媽詢問老師發生什麼事了，老師解釋：「偉達把班上一位同學的課本撕壞，因為對方的分數太低，還嘲笑他頭腦簡單，才會考這種見不得人的分數！」

媽媽聽完後，露出震驚的表情，轉頭看了偉達，沒想到他卻面無悔意地說：「這本來就是事實啊！」

這時，老師先請偉達回教室，並向媽媽述說了孩子的在校狀況：「偉達雖然成績優異，但在人際相處與禮貌上卻相當薄弱，不僅不與同學往來，別人向他請教功課，他還會諷刺對方『這麼簡單也不會』！還記得有一次請他去找訓導主任拿文件，他竟然連門都沒敲就直接進去，而當時主任碰巧不在座位上，他還逕自拿起辦公桌上的私人信件來看，讓剛回來的主任相當生氣。」

媽媽聽完後，在生氣失望之餘，突然發現自己的教養方向漏掉最重要的品德與生活處事！原來，媽媽一心盼望孩子成材，所以從不讓他做家事，甚至也很少帶他出外遊玩，更別說是讓兒子和其他小朋友玩耍。此外，偉達只要提出要求，爸媽都會答應；甚至，兒子若稍有不順心，即便再不合理，媽媽都會馬上安撫並順從他。

在偉達上國中前，媽媽扮演了陪讀的角色，全程照顧兒子的飲食起居。但在這種偏頗教育下，偉達連最基本的人際交往都不懂，甚至沒有主動與人交流的意識，因而變得高傲孤僻、任性自我。即便媽媽此時恍然大悟，但卻不知道要花費多久的時間才能改變孩子已養成的性格！

讓同理心取代冷漠的自我主義

之前有個社會新聞，雖然已經過了一段時間，但許多人應該還記憶猶新，就是臺北捷運發生震驚全國的無預警屠殺事件，大學生凶嫌落網後表示：「因為父母對我的期望太高，覺得求學太累、活得很辛苦。從小學五年級就開始計畫這起殺人案，對於砍人、殺人的犯行一點也不後悔，還很舒坦，因為已經圓夢了，如果再來一次會殺更多人。」這名砍殺無辜乘客的大學生，與故事中的偉達相似的地方是，父母對他們在學業上的期望都很高，但卻忽略同理心的教養，使他們對旁人，甚至家人都表現得冷漠、自我。這個新聞引發大家對「教育」這個課題的探討。孩子年紀輕輕怎麼會這樣？教育一定有什麼「沒有做到」的地方。

近年來，親子教養問題不外乎是關於孩子任性、霸道、依賴等現象，與之前《商業周刊》提到「孩子們正遭受『溺愛病毒』攻擊」的主題相吻合。現代的孩子們不僅沒有物質缺乏的困擾，在課業上還備受父母關注！

家長不禁要去思考，孩子對人事物冷漠的源頭，是否來自家庭？

父母請收起易開罐的愛

望子成龍、望女成鳳是所有父母的期望，而現今爸媽也大多如同偉達母親般重視孩子的早期教育，以致於忽略日常生活中，與人相處的基本道理。

從偉達嘲笑同學並把考卷撕掉，以及任意拿起主任桌上信件閱讀的行為來分析，可看出他不僅驕傲自大、缺乏同理心，甚至還有目中無人等缺失。

其實，偉達媽媽如今的首要任務便是讓孩子明白「目中無人」便代表著自私、不合群，也意味著不願憐憫、關懷他人。此外，也要教導偉達在團體中不應極力堅持個人喜好、耍任性，應懂得同理他人、待人謙和的禮儀，並建立孩子互助合作的心態。而在家庭生活中，建議父母採取下列做法，培養孩子尊重他人的正向品格：

❶取消孩子家中的特殊地位：從故事中的偉達來看，想必在家中一定是茶來伸手、飯來張口，只要孩子認真讀書，爸媽都會極盡所能地滿足需求。因此在家庭中，父母應保持中立態度，不給予孩子特殊待遇，使其建立「人生而平等」的觀念；當孩子有所要求時，應讓他知道唯有合理的願望，才能達到目的。

❷教導孩子尊重任何人：引導孩子凡事禮讓並尊重長輩，例如位子先讓長輩坐、主動幫忙倒茶等；盡量請孩子協助他人，使其體會付出時所感受到的滿足與愉快心情。

❸創造孩子與他人的交友機會：鼓勵孩子分享自己的玩具、書籍、零食給朋友，學習與朋友互助互愛，培養謙讓、公平分配的良好行為。同時教孩子欣賞同學的各種優點，並舉出實例，讓子女自然而然地模仿這些人的好行為。如：A同學的優點是熱心助人，他會主動關心跌倒受傷或心情不好的同學；B同學則不吝分享他的玩具。

❹讓孩子建立良好的人際關係：現今社會相當重視人際關係，好人緣不僅能在各種環境獲得朋友的協助，交友廣泛還可拓寬自己未來發展的道路。因此，父母應在孩子還小時，讓他接觸更多的人事物，避免插手孩子與其他小朋友間的摩擦，使其獨立面對並自行解決問題，以建立圓融處事的能力。

品格教育是教養的核心，無論長者或其他人都需獲得尊敬，在孩子年幼時，家長便可透過以下方式傳授之：

1 **模範仿效（Example）**：大人應成為示範者，運用生活實例進行楷模學習，或利用時機介紹過去歷史或現實社會中，值得學習模仿的典範人物。

2 **解釋釐清（Explanation）**：觀念不能只靠父母單方面地灌輸，而是必須透過真誠對話與討論，解除孩子對價值觀的疑惑，以及如何應對現實社會的複雜情境。

3 **勉勵勸諫（Exhortation）**：可透過影片、故事、體驗等方式，從情感面激勵出良善動機和惻隱之心，鼓勵孩子展現同理心。

4 **環境影響（Environment）**：老師要創造彼此尊重與合作的友善環境，學校行政團隊也應透過典範領導，建立校園的品德核心價值與文化。

5 **體驗生活（Experience）**：教導有效的助人技巧，讓孩子有機會親身體驗自己對別人的貢獻。

6 **自我期許（Expectation）**：透過獎勵與表揚，協助孩子設定合理、優質的品德目標，並能自我激勵與實踐。

美國權威心理學家、哈佛大學教授羅伯．寇爾斯（Robert Coles）曾提出：「擁有財富及特權的孩子們，依舊感到不快樂、不滿足。因其所擁有的玩具、旅遊與任何要求，全都不請自來，即便得到也沒有滿足感，只會衍生出更多欲望。」此外，美國心理學教授索羅門．史奇莫

（Solomon Schimmel）也形容希臘諸神，總是因願望不需花費任何力氣便輕易實現，使得祂們不必付出努力，也不用想盡辦法來滿足需求，因而變得驕傲、煩躁易怒。

因此，期望天下父母收起那隨手可得且廉價的「易開罐之愛」，陪伴孩子卻不立即伸手干預或幫忙，才能讓孩子走向獨立且成熟的未來！

培養懂得為他人著想的孩子

青春期常常是父母與孩子感情發生轉變的過渡時期。許多父母都有這樣的體會，十五、六歲的孩子總是處處和父母不對盤，根據觀察，此時的青少年缺乏同理心，使家長擔心孩子永遠不懂得考慮別人而只考慮自己。

同理心（Empathy），是指站在對方立場設身處地思考的一種方式，主要體現在情緒自控、為人著想、傾聽能力以及表達尊重等與EQ相關的品行。

研究顯示，女孩的「同理心」從十三歲開始就會逐漸明顯增強；但這種有助於解決問題和避免衝突的性格，在男孩身上要到十五歲才會開始增強。青春期前期的男孩情感同理心減弱，可能在一定程度上是由於青春期睪丸素激增，從而激發了控制欲和權力欲。故生理上更成熟的男孩比其他男孩的同理心要弱。

此外，男孩會從同儕和其他成年人身上感受到「要表現得像男人」的壓力，因此將之理解為要表現出冷漠、強硬、風趣和強壯。甚至壓抑同理心，才能和同儕一起開玩笑和調侃。所以，一些青少年顯現出一副冷漠的樣子，可能是因為他們在努力避免被自己的同理心征服。

因此，家長必須利用技巧引導孩子發揮同理心，懂得幫助別人、體諒他人的想法，不會凡事以自我為優先，並懂得禮讓對方。

引導孩子學習為他人著想

「己所不欲，勿施於人」是儒家思想的處事原則，意思是，自己不喜歡的東西，不要要求別人接受。當自己要對別人做什麼事情之前，先考慮一下這件事自己能接受嗎？如果自己都不願意接受，就不要對別人做這件事情。

這句話是提倡大家通過立場對調的思考方式，去了解別人的想法和需求，這樣就不會因為自己的私欲而損害他人的利益。理解他人、尊重他人，設身處地為他人著想，人與人才能和睦相處。

青少年一方面渴望得到別人的理解，但同時又很少主動地去理解別人，在對待父母時，這一心理特徵表現得尤為突出。雖然青春期生理發育因素造成青少年性格差異，但從小受到良好品德教育的孩子，仍然容易意識到並糾正這種行為差異。

情感同理心根植於大腦的邊緣區，這一區域的功能是調節情緒。在嬰兒時期，當父母對寶寶的情緒做出體貼入微的回應時，這種能力就開始發展了。心理學家更進一步指出，兒童會通過觀察父母行為及親身體驗來學習同理心。

研究顯示，情感同理心和認知同理心發展良好的孩子能夠與父母建立健康的關係，爭執也比較少。

孩子懂事後，可試著對他說明，同理別人的想法，對彼此都有很大的益處。跟別人有摩擦的時候，如果不懂思考他人立場，只一味想自己是多麼地委屈，就容易鑽牛角尖；但是如果能廣泛為他人思考，會發現產生衝突的原因，找到癥結所在，問題就比較好解決。因此，父母可以通過鼓勵兒女設身處地的思考，來培養他們的情感同理心。

親子共同用行動表現同理心

俗話說「當局者迷」，爸媽常因自己被孩子需要，而沒有辦法以客觀的角度來看待自己的孩子，還有檢視自己對待孩子的方式。父母或長輩過度地溺愛和協助，容易導致孩子沒有生活的自理能力，或者喪失了對於事物正確的對錯理性判斷能力，為避免家長在不知不覺中，教出罹患公主病或王子病的兒女，接著，即提供下列方式，讓親子都能用具體行動體現同理心。

1 觀察孩子的外顯行為：專家普遍認為，孩子偏差的行為主要來自模仿了父母的壞榜樣，換言之，傲慢自大的父母會教出傲慢自大的孩子。然而，很多爸媽可能在有意識或者是無意識的情況下，用自己的行為影響了孩子，可是在檢視孩子時，卻忘記將自己的影響放進考量；所以，家長應隨時自省，觀察自己對孩子的影響，就能踏出改變冷漠孩子的第一步。

2 別讓孩子推卸責任：當孩子遇到困難卻不想解決時，常直接表達不會或不知道，此時是父母引導孩子負起責任的重要時刻，但很多爸媽卻習慣凡事幫孩子想好和做好，忽略孩子內心需要長大和學習的需求；當然，孩子可以尋求協助，但父母應該依據孩子的能力判斷他是否能獨立完成，而不是任何事都攬上身，為孩子做牛做馬，反而讓孩子覺得一切都是理所當然，而失去同理的心態。

教養現場朵朵小語

父母要隨時關注孩子的感受，也要讓他知道自己的一句話、一個舉動可能傷害了別人，或是為別人帶來煩惱，若孩子因此而感覺內心難受，父母可進一步要求孩子去體諒別人、尊重別人，如此一來，孩子才會相對得到別人的尊重。

我表示反對 × 我極力支持

站在事件對立面，使親子關係變了調

許多父母難以接受孩子跟自己唱反調，其實，家長必須學習接受、認同孩子有獨立思考的能力，雙方站在不同立場，有不同看法是很正常的事，切莫因爲觀點的差異性影響親子關係。

「佔中是佔領中環行動的簡稱，目的是為了爭取香港的普選特首，並反對中共所提出的特首提名方案，公民以佔據香港商業與政治中心的中環向中共官方施壓。此項行動已有超過二十萬人加入。中環是香港的心臟，許多商辦大樓、公家機關都在此地，此處也是香港的交通樞紐，這也是為什麼香港民運團體選擇在該處抗議的原因。」

晚間時分，電視螢幕上的新聞報導，吸引全家人的目光。最近，香港人走上街頭抗議，是為了爭取公民也能提名特首的「真普選」；有很多學生甚至罷課到場抗議，引發更多大學生和中學生罷課的效應。

高三的俊偉從小就不愛看新聞，也不關心政治和社會發生了哪些事，直到他年齡漸長，在學校常聽到師生討論，加上自己也將擁有投票權，才漸漸對民生議題有了興趣，香港佔中的新聞他也留意了一陣子。

「我覺得香港人應該勇敢爭取普選。」俊偉在電視機前面表示支持。

爸媽聽了兒子的話，一則以喜，一則以憂，他們開心孩子長大了，懂得關心社會，不再懵懂無知，但也擔心少了正確的引導，孩子會不會變得憤世嫉俗？

「民主雖然是趨勢，但這些民眾出來抗議卻造成了不小影響，他們佔據馬路，使交通阻塞；間接影響其他商店做生意的權益，聽說附近的店家生意都一落千丈，甚至出面要求抗議民眾散去，否則生計將嚴重受挫；而且學生還集體罷課，荒廢學業實在太不應該。」爸爸也發表了自己的看法。

「革命難免會造成一些不便和犧牲，要不是香港政府不願意聆聽人民的意見，這些抗議民眾有誰想要流落街頭？不僅如此，香港警察為了驅離抗議民眾，甚至以辣椒水、警棍和催淚彈對付手無寸鐵的人民，實在令人氣憤！」俊偉一點也不認同爸爸的說法，他選擇站在支持佔中的一方。

新聞針對警民衝突不斷強力放送，有抗議民眾被一群警察拖到暗巷圍毆的畫面也隨即曝光。媽媽擔心兒子看到這類新聞會更加激動，便要他盡快回房間複習功課，但俊偉卻執意認為他對這些事情有知的權利。

「學生雖然罷課，但卻發起罷課不罷學的活動，學生聚集在抗議現場持續學習，這顯示學生不是為了罷課而罷課，而是為了正義做出犧牲。」俊偉繼續發表自己的看法。

「現在根本還不是時候，一味抗議只會帶來反效果，受苦的還是人民。」爸爸也表達反對佔中的看法。

俊偉和爸爸一來一往地發表對新聞事件的看法，雖然彼此都很冷靜地分享各自意見，但互不相讓的態度不禁使爸爸覺得，孩子與他大唱反調，似乎讓原本和諧的親子關係出現裂痕。

撇開主觀思考，互相接納不同意見

這兩年來，臺灣歷經了諸多社會爭議事件，從核四、多元成家、苗栗大埔、洪仲丘事件等，延伸出來大規模的公民遊行運動中，看見了愈來愈多年輕學子的抗議身影，甚至有許多年輕爸媽推著娃娃車加入「親子大隊」，上街頭表達公民意見。種種現象顯示出，關心社會上各個角落發生的事，不再是大人的專利，孩子也可以積極參與其中、表達看法。

調整心態，給孩子提問和頂嘴的空間

家長是否想過，應該怎麼帶領家中的青少年面對這一波波蓬勃的公民運動浪潮？怎麼引導孩子去思考、辨識和判斷各種訊息？

思考的能力必須不斷地練習，不可能從小要孩子什麼都不管、不想，好好讀書就好，還期待他們大學畢業以後就突然能獨立思考，做出最正確的決定。孩子成長的過程中，思考伴隨而來的一定是不斷提問、頂嘴、反駁，這些都會不斷考驗著大人的耐心，家長不要害怕親子的意見不一致，想法有差異，更能讓彼此學習尊重、接納不同的建議，並從中思考解決方法，而不是強迫對方一定要聽自己的。家長應提供給孩子一個有助於養成思考習慣的成長環境，以下將列出大人需要掌握三個原則：

❶ **討論和表達**：新聞事件重要的是能引導青少年學習思考，根據專家觀察，華人教育多屬於灌輸型，由家長或老師單方面灌輸各種知識，但卻鮮少培育孩子觀察、發掘或思考問題的能力。而老師普遍需要高度的教學安全感跟權威感，因為為人師表害怕被孩子問倒後不知怎麼掌握班級。但發掘問題跟獨立思考的能力對青少年而言卻是不可或缺的，家長或老師可引導學生討論，對某個決策不管支持與否，更重要的是表達立場跟理解原因的過程。

❷ **展開對話**：經常進行各種議題的思考，父母成為孩子的引導者，適時丟出開放性的問題，如你覺得警察動用武力的考量是什麼？民眾走上街頭是為了爭取什麼？用貼近生活的語言，描述案例中應該保衛人民的政府與警察，究竟為什麼會和人民對立？父母可以試著轉換情境，讓孩子設身處地思考雙方的角色、任務。舉例來說，把「班級」的概念引入討論，例如用選班長當比喻，讓前文故事中的俊偉知道香港人沒有辦法選自己喜歡的班長，所以引起全班同學的反彈，因為班長永

遠是老師喜歡的學生，大家都覺得很不公平，而且老師指定的班長會監視大家，然後去跟老師打小報告。因此，當孩子搞不太清楚狀況時，可幫他們補充並確認，鼓勵他們表達自己的想法。教孩子思考並不是要孩子成為社運人士或憤世嫉俗的人，而是在找尋孩子的主體意見，同時學會尊重、同理跟負責任。

3 拿掉主觀想法：大人很容易因為意識型態或負面經驗的影響，太快對事件說「不」，使思考受到局限，認定事情非黑即白，因而關閉了孩子可能發揮的思考彈性。當大人願意開放足夠空間給孩子，常會看到孩子思考的多元廣度超乎想像。孩子總是在父母還沒有發現的時候就長大了，成長過程中，他們往往帶來驚喜。父母無須擔心他們還太小、還需要保護、還不能自己飛；畢竟，希望他們以後飛得穩，就必須常常給孩子機會練習！

支持孩子關心社會議題

現今網路無遠弗屆、資訊氾濫，即便父母不讓孩子得到訊息，孩子也能從其他管道獲得。因此，與其一味禁止，不如趁機給予孩子正確觀念，使其富有教育意義。故事中，俊偉的媽媽不希望兒子看到血腥衝突的負面新聞，不外乎是怕孩子看到不良畫面或訊息而影響孩子的心理發展。

其實，父母應明白孩子早晚都要了解現實生活的狀況，那為什麼還要阻止呢？父母現在最應擔心的是，孩子對現實的認知會被電視、網路資訊等混淆，例如誤認為戲劇中「以牙還牙」的情節才是解決問題之道、「自殺」才能得到解脫等，因此，父母若沒有教導孩子正確的態度與適當說明，孩子很可能會模仿劇中人物，或接受媒體所提供的「二手資訊」，導致價值觀偏差。所以，父母的教育重點應在幫助孩子與現實接軌！

幫助孩子與現實接軌

現在資訊發達，許多孩子都會透過網路查詢資訊，而他們自然也容易取得發生在世界各地的新聞。當父母越是阻止時，孩子就會越想了解，而父母若能坦然的與孩子討論，並傾聽他們的想法，便能明白孩子的思考模式與感受，這時將能有效植入正確觀念。

相反地，如果父母閉口不談，不讓他們接觸真實世界與新聞，只一味給予孩子營造美好的氛圍，會導致他們無知而與世界脫軌。其實，父母可與孩子一同看新聞，了解社會動態，解釋現今世界的發展，並針對電視所報導的負面行徑給予正確解釋。如網路交友、詐騙的新聞時而上報，父母可對此與孩子討論，並提醒孩子上網安全性與警覺心，以免他們成為受害者，當父母先為孩子做好心理準備與預防措施，那麼新聞背後的原因和結果便不會直接影響孩子。

甚至在與孩子討論負面的新聞中，不應只單純討論事件，還應將人的罪行與其對他人的傷害做進一步探討，以幫助孩子思考，培養其感同身受、以同理心體諒受害者的遭遇。除此之外，也能在孩子心中產生能量與正義感，帶領他們往正確的方向前進。

過度保護孩子，讓孩子與現實生活脫節，會讓孩子變得無知，並對這個社會無感；但是過度讓孩子自己解讀，則容易產生錯誤的思維及行為。故父母應讓孩子「知其所以然」，以培養他們辨別是非、分辨真理的能力，從健康、正確的角度去思考與判斷問題所在。

要跟青少年談時事其實沒那麼簡單，因為討論彈性很大，百花齊放之下的對話非常容易「失焦」，父母要維持穩定、開放的態度見招拆招，才能真正開發孩子的思考力。例如有些孩子發表意見時流於表面嗆聲：「核四就是很爛！」家長要能引發孩子深入探討：「那你對這個事件有什麼樣的了解呢？」盡量讓孩子展現有層次的正反意見並陳、甚至多角度的思考。

此外，應教育孩子成為具媒體素養的人，不受報章媒體誇飾渲染的失真報導所影響，訓練孩子分析新聞的偏頗之處，讓孩子花時間去理解事件背後的真相，而不是只聽新聞媒體的片面之詞，並給孩子獨立思考的養成空間。

陪孩子用行動關心社會

關心社會不僅僅是紙上談兵，如案例中的俊偉表態支持香港的民主普選，父母若認為此舉值得支持，也認同民主的可貴，更應帶領孩子以行動落實，鼓勵孩子以聯署或聲援的方式支持、並表達關切的立場，但要提醒孩子，應以理性、和平的態度面對之。

千萬不要小看孩子對社會的影響力，新聞曾報導一位流浪漢在翻找垃圾桶的畫面。一位路過的媽媽對身旁的兒子說：「你要認真念書，不然以後就會變那樣。」另一位爸爸則對兒子說：「世界上有很多貧苦的人，你未來有能力，應該要懂得去幫助他人。」

身為家長，看到這樣的新聞，又會如何教育孩子呢？類似的場景發生在美國，有一名十歲小男孩看到後感同身受，他在爸媽的協助下，成立非營利組織，號召許多人共同幫助流浪街頭的小孩和大人。甚至親自到各學校、社區演講、募款，以行動力募集超過百萬美元。

在這個時刻，這名男孩的父母並沒有急著告訴孩子：「先把書讀好！」或是「你還小！」相反地，他們以實際行動支持孩子做公益，讓孩子參與其中。

教養現場朵朵小語

面對一波波公民運動的蓬勃浪潮，以及社會上引起關注的重大事件，不應只是站在批評角度，帶孩子站在檢視、理解的立場看待，並試著要孩子說出心得、提供建議，重要的不只是親子對於事件的看法，而是趁此機會，與孩子一起討論、練習思考的過程。

Part 4

要隨時把愛說出來！

拉近親子距離不疏離

Show Your Love

·教養point· 在尋找自我的過程中，孩子是感性的，情緒起伏比較大，常會覺得父母「不了解我」，這時爸媽不妨將自己想成一面鏡子，如實反映孩子的感覺、想法和希望。不要將重點放在孩子屢勸不聽的行為上，青春期孩子需要大人更多的包容與引導，必須先釐清孩子的情緒來源，灌輸堅定不移的愛，才能看見他的改變與成長。

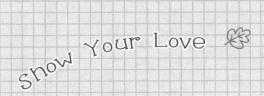

生命的無常一起面對×失去親人的傷痛難撫平

無所不暢聊，死亡的課題也並非禁忌

釋放悲傷的前提，就是不忌諱與孩子談生老病死；帶孩子接受現實、走出悲傷是重要的學習過程，也是不可或缺的生命教育。

玉芳出生時，爸媽決定領養一條狗陪伴女兒的成長。因為許多專業學者研究指出，家裡有養狗的孩童，發生過敏的機率比沒養狗的家庭還低，免疫力也比沒養狗的家庭來得高；而英國的一項研究也發現，家中有養狗的小孩比較健康、活潑。

爸媽考量到狗的個性，擔心較年幼的狗會太調皮，可能會亂咬東西或是不受控制，所以，他們決定要養一條成熟乖巧的狗。最後，他們領養了一隻擁有棕色皮毛的三歲小狗，雖然才三歲，但若換算為人的年齡，已經稱得上是一隻成犬了。

女兒還是個小寶寶的時候，只會呀呀叫，所以爸媽將小狗取名為牙牙。當寶寶發出咿咿呀呀的聲音時，小狗就以為寶寶在叫牠的名字，所以總是興奮地跑到玉芳身邊，宛如守護寶寶的士兵。

從小一起長大的玉芳和牙牙，感情就像家人一樣，會一起玩、一起出門散步，當玉芳心情不好時，牙牙便輕輕靠在她身上，默默地陪伴，並聆聽玉芳的哭訴；玉芳心情好的時候，牙牙也會開心地搖尾巴、轉圈圈，彷彿很雀躍的樣子。

全家都覺得牙牙非常有靈性，而且個性體貼又聰明，他們雖然沒有特別訓練牙牙，但是當玉芳發出口令，並比出手勢時，牙牙就會聽從指示地坐下或趴下。

「牙牙！過來！」玉芳一招手，牙牙馬上踩著小碎步快速地跑來。

「牙牙！去撿球！」玉芳丟出小球，牙牙立刻飛奔過去撿回來，這個遊戲無論重複幾次，孩子和小狗都樂此不疲。

爸媽看到玉芳和牙牙的相處如此愉快，都覺得養狗是正確的決定，尤其是年紀還小的女兒為了給牙牙一個舒適的環境和健康的身體，不僅會定時幫小狗洗澡，還會幫忙清理牠的大小便，並提醒媽媽帶牙牙去注射預防針。

轉眼間，幾年過去了，玉芳成為國一新生；此時的牙牙已經十五歲了，對狗而言，已是高齡的年紀。當玉芳招手示意牙牙過來時，牠無法迅速地跑過來，也不能靈活地玩撿球遊戲；玉芳發現，牙牙的動作變得遲鈍緩慢，胃口也大不如前了。

玉芳知道牙牙的年紀大了，不再勉強牙牙去撿球，反而常常陪在牠的身邊，輕撫牠柔軟的毛，牙牙也總是乖巧地待在玉芳身邊。某天早上，玉芳一起床就找尋牙牙的身影，按照慣例，每天早上他們會一起下樓散步，但是玉芳叫喊了好幾聲，都不見牙牙過來。於是玉芳四處找尋牙牙，但牠既不在窩裡也沒有在陽台曬太陽。後來，玉芳在沙發底下發現牠，牙牙一動也不動地趴著，眼睛也緊緊閉著；當爸媽看到牙牙的模樣，都知道牠已經去世了。

爸爸對女兒說：「牙牙上天堂了，不要去吵牠。」

此後，玉芳每天都非常想念牙牙，也哭了好幾次；過了一段時間，她漸漸接受牙牙不會再回來的事實，爸爸和媽媽看到女兒難過的樣子都感到非常心疼，生老病死是難以平復的傷痛，為人父母一向避免提起不愉快的事情，即使想講，也不知道要怎麼拿捏。

尤其是最近從小帶大玉芳的奶奶因重病住進加護病房，爸媽也不知該如何告訴剛經歷喪犬之痛的女兒。祖孫倆的感情非常好，玉芳每隔一段時間就會去奶奶家陪老人家聊聊天，若是得知奶奶一病不起，肯定是加倍傷心。

直到醫院發出病危通知，玉芳才知道奶奶已經住院兩個禮拜了，玉芳一家人趕到醫院，醫生表示奶奶的年紀大了，經不起病痛折磨，體力急速下降，器官也漸漸衰竭，恐怕不久於人世了，玉芳未等醫生說完，立刻崩潰大哭；一旁的爸媽聽到後，也相當難過。

過沒幾天，奶奶因病逝世。玉芳難過得說不出話來，她心想要是早知道奶奶住院的話，一定會多來醫院探望奶奶，陪她度過僅存的日子。因此，玉芳有點埋怨爸媽太晚說出奶奶住院的事實，如今女兒難過的心情難以平復，爸媽一方面感到萬分不捨，另一方面也急於思索該如何給予孩子正確的生命教育。

不要避談人生的悲歡離合

子女可以透過養寵物，培養很多珍貴的能力，包括表達關愛、負責任，也包含學會珍惜與面對分離。分離是人類很重要的情感，因為離別，人學會回顧在關係中的施與受，從中學到珍愛所有，放下自責或牽絆，並勇敢地活在當下。無論是誰，走到生命的終點時，就像是一種哀傷到此結束的宣告，即使死亡所帶來的痛苦不易復原，但日子仍要繼續，所以人必須靠智慧走出悲傷，而這個智慧是可以教導和學習的。

坦然說出生命的真相

父母不需擔心孩子太小聽不懂，或是害怕他們無法承受打擊，只要是真話，孩子就會學著思考和理解；但是騙了孩子，日後就難以取得對父母的信任。既然生老病死不可避免，應勸告孩子愛要及時，如：孝敬父母、友愛兄弟、善待朋友、愛護動物等，做到無憾的人生。

如果當時父母對孩子說：「狗老了會死是不變的事實，但牠在我們家曾有過快樂的時光，我們全家都很愛牠。如今我們思念牠，仍能想像牠還是像以前一樣陪伴妳。」便能幫助孩子正面思考，走出悲傷情緒。

與孩子進行生命教育的對談，可以分為三個步驟，以下即詳述每個步驟具體的作法：

1 讓孩子有心理準備：首先，孩子跟我們一樣有權利知道事情的真相，所以請不要刻意對孩子隱瞞事實，那只會讓他們感覺孤立或自責。與孩子一起經歷悲傷的過程，對親子而言是很好的成長，故家長應選擇一個舒服的環境，例如床邊、客廳、車上等安全感十足的地方來談論生死議題。另外，請避免在睡前討論，因為小孩必須依靠不斷地回想及發問來學習和確認。因此，家長應該保留時間讓他們消化思考。

2 孩子對事情的理解程度：開啟話題最好的方式，就是先問孩子知道些什麼？他們可能已經從大人身上感覺到不對勁，家長最好先了解孩子們對這件事的理解程度，再開始說明。解釋死亡的用語，需要依照小孩的年紀而定。對低年級的小朋友，可用簡潔的字詞說明，但請絕對避免說：「他們睡著了，而且永遠不會再醒來。」反之，你可以說「他的身體太虛弱，所以已經停止呼吸。」中高年級的小孩或青少年已有獨立思考的能力，會有更多的疑問，甚至對這個議題發表意見，與父母討論該如何辦理後事、如何面對悲傷等等，請家長務必耐心傾聽，多加體諒。孩子喜歡自己被當作大人一樣尊重與對待，故家庭中的親子互動模式，應該是平等地對談，而非上對下的說教。

3 觀察得知真相後的反應：孩子知道真相之後，可能會感到無動於衷，此時家長千萬不要過度責怪孩子，甚至嚴加斥責孩子的反應，家長應耐住性子，於平時多花一點時間解釋自己的情緒，如：「失去阿嬤我很難過，因為小時候阿嬤會陪我玩，告訴我很多道理，教我很多東西，我知道她很愛我，我也是，所以她的離開讓我一時之間感到悵然若失。」讓孩子感受到親子間的愛，孩子才能體會感情的珍貴，並懂得站在對方的角度思考、體悟。但也有些時候，孩子難以克服哀傷，當他們出現頭痛、胃痛、失眠、食慾不好等情況的時候，應向老師報告，請老師特別留意孩子在學校的情況。此外，應讓孩子維持在原來的生活步調，照常上學、練習足球、參與社區活動等，踏實生活才會讓孩子以及父母從悲劇中恢復。此外，請多擁抱孩子，多花一些時間陪伴，讓他們知道你們會一起度過困難。最後，請父母不要害怕在孩子面前說出你的憂傷，因為子女也在學習大人們處理悲傷的方式。面臨寵物或長輩逝世雖然很難受，但釋放悲傷後，依舊認真生活，是對逝者最大的敬意。

認識生命教育，度過失去的傷痛

國立臺北護理學院生死教育與輔導研究所助理教授吳庶深在《如何與你的孩子談死亡》一書中引言曾提到：「死亡是生命的一部分，也是自然的一部分。如果我們可以很自在地談論生命的誕生，那麼死亡的話題似乎就不必避諱。」每個人面對死亡都會有不同的態度，家長可以試著讓孩子知道，生命雖然脆弱得逃不過一死，但仍有其生存意義，父母應保持積極正向的人生觀，引導孩子度過失去的悲痛。

共同面對生命課題

事實上，生命中沒有什麼比死亡發生率還要高的事，當你願意敞開心胸，思考生命有限，就能珍惜活著每一天。談論死亡，就是在預備生命；談論死亡，就是在體會生命，與孩子談生死，並非不能說的祕密。

在傳統觀念裡，中國人很避諱與孩子談論死亡，覺得不吉利且認為孩子也還不懂。但是，生與死是每個人都會經歷的過程，避諱不談反而會在孩子真正面臨親人死亡時，造成他們的疑惑與恐慌。

父母是幫助孩子了解死亡與傷痛的最佳人選，一般來說面對死亡會分三個時期：震驚期、疼痛期、釋懷期。當事情發生後，父母可以告訴孩子自己的難過與傷心，並讓孩子知道表達這些感覺是可以被允許的；此外，父母也能讓孩子看看自己是如何正確處理與釋放情緒、接受死亡，唯有父母自己不再害怕與恐懼時，才能平靜地與孩子探討，而孩子也能從父母的行為與態度中，學習正視死亡與悲傷。

國外的親子團體治療中，列出三點父母教孩子面對死亡的方法，讓孩子懂得接受生命無常的事實與如何釋懷悲痛的情緒：

1 誠實與接受情緒：父母應明確告訴孩子某人去世的事實，如誰去世了？為什麼會這樣？喪禮中會出現什麼儀式？這些儀式代表什麼意義？他們會有什麼情緒和感受？並使用正確的名稱，如死亡、去世等，不要告訴孩子「他只是睡著了」、「出遠門」、「生病」等模糊語言來帶過死亡的事實。當父母和孩子分享的資訊越明確，答案越篤定，他們的內心才不會產生過度的猜想及恐懼。此外，應依據孩子想談論的時機點向他說明，而不要在他們還沒做好心理準備時強迫討論，並讓孩子知道親子間可以分享悲傷、痛苦等感受，而父母這時也要經常觀察孩子內心是否有其他情緒，以確保孩子的心理狀態。通常向孩子傳遞死亡的事實後，隨之而來的就是面臨孩子傷心的情緒。而父母應接受孩子以不同形式表達哀傷，除了哭之外，也有可能是焦慮或不安。當然，父母此時不僅要自己承受哀慟，還要面對孩子難過的情緒，親子或夫妻間難免會有衝突產生；故千萬不可要求孩子「不准哭鬧」，以免讓他的情緒沒有管道疏通而影響心理成長，唯有包容並接納每個人的心情與需要療傷的時間，才能順利地從悲傷中走出來。

2 減輕孩子的罪惡感：有些孩子在親人死亡（尤其是兄弟姐妹）時，會產生罪惡感，認為是否因自己的話傷害到他，或者自己對他不好，所以才會造成這個遺憾，故將其過錯歸咎到自己身上。此時，父母要幫助孩子明白，真正的罪惡感是因為自己真的做錯事而感到悔恨，親人的死亡則與他「無關」，無須將責任攬在身上，更不要被自己的猜測所影響。並且，要多幫助孩子回想他們與往生者的快樂時光，提醒孩子自己也曾經讓他們很開心，降低孩子無謂的罪惡感。

3 懷念逝者：與孩子一起回想往生者令人印象深刻的事，或是利用孩子熟悉的方式來表達對死者想說的話，例如畫畫、唱歌等，與孩子一起懷念與傳達心中的思念。實際上，當父母與孩子共同懷念這些回憶時，將有助於孩子正視心中對死亡的恐懼與不知所措，帶來踏實平安的感覺，甚至能維護孩子心靈健康的成長。

幫助孩子認識正確的自然歷程與生命意義非常重要。用孩子理解的字句和概念，與他們談論出生、死亡的問題，讓孩子明白這個世界上的生命是短暫的；並與他們談論哀慟、死亡以及失去，並誠實地和孩子共同面對死亡的無奈和失去的失落感，將有助於縮短他們療傷的時間，修補他們受傷的心靈。

哭過之後，變得更堅強

空難、海嘯、地震、戰爭等因天災人禍而奪取生命的畫面，不時在各新聞台看到，也震驚著在電視機前，大人與孩子的心靈與情緒。死亡總是讓人感到困惑、害怕或陌生，無論大人或小孩，面對突如其來的意外，才會覺得死亡之身影是如此強烈地籠罩和貼近。面對種種生命的無常，家長可利用社會事件、繪本故事、小說或電影等，與孩子討論生命議題，以下有四點建議，與親子分享如何面對死亡捎來的訊息。

1 對於死亡的看待：由於每個孩子在成長過程中，有著不同的分離與失落的經驗，因此與死亡之間的心理距離彼此也有所殊異。試著從孩子生命中的失落、分離經驗開始，傾聽孩子的感受，讓他說出心中的疑慮，對於死亡如何看待等，及死亡對於自己的意義。討論時，請考量孩子對於死亡概念的理解程度，及所能夠承受的心理負荷。以他能夠理解的方式，決定要討論到什麼程度。

❷當下遇見的美好：死亡如同兩面鏡，翻轉過來，也在述說著「好好活著」這件事。在無常、不可預期的生命中，和孩子分享「此時此刻」是最為真實的感受。孩子需要父母主動分享與示範，種種對於日常生活事物的敏感關注與嘗試體驗，以及自己與身旁人事物之間的關係與意義。因為時間有限，所以生命無限。

❸每天都是紀念日：因為有死亡，所以更應該要好好地活著。和孩子分享，在日與夜之間的時空中，對於每個人的生命來說，都是屬於獨一無二的一天。在這個日子裡，每個人都可以嘗試過著屬於自己獨特的生命經驗與記憶，無論平凡或特別，都要練習好好過日子。

❹同理他人的生命感受：「如果今天我、家人、朋友也在這架空難飛機上？」試著拋出這樣的議題給孩子思考，讓他在角色的轉換中，嘗試去感同身受在這場意外事件中的罹難者與受傷者，及家屬與他人的悲痛情緒。與孩子一起感受，自己的心情是如何受死亡的步步逼近，而有不同的轉折，無論是害怕、恐懼、不安、傷心、難過、失落、擔心、困惑、不解等複雜情緒，都是需用勇敢克服的感受。

教養現場朵朵小語

「死亡」這樣嚴肅又讓人畏懼的議題，面對的態度仍可以是幽默的、哲學的，並饒富想像力的。臺灣著名的劇場大師李國修在與病魔對抗的那段日子，他從不怨懟，還在病榻前告訴兒子和妻子：「不要難過，我這就要去見我爸爸，這是一樁『喜事』。」甚至豁達地說：「我真的不怕死，因為我知道有一個最愛我的人跟我最愛的人在那邊等我，所以我很安詳。」他面對生命的智慧也讓他的家人認識到，死亡是生命的延續，因此中國人才將死者稱為往生者，先人們早知生死之事，並體會到所謂「死」即是往「生」之路。

孩子為何那麼冷淡×話不投機半句多

親子相處太冷漠，如何找回久別的愛

孩子會對家人刻意冷漠，大多是害怕受傷害，而築起高牆，維持安全距離，父母必須誠實檢視自己，是否常常流於說教、或處理事情太過偏頗，壓抑了孩子的感受？

媽媽常覺得晟銘喜歡抱怨，考試考不好，晟銘就說是老師教得不好，害他考差了；參加籃球比賽如果輸了，便責怪隊員不配合他，不把球傳給他，所以導致輸球；就連房間太凌亂，沒有好好整理，晟銘非但覺得不是他的錯，還抱怨是三歲的妹妹把房間弄亂。

「你怎麼都在怪別人，你沒有好好收拾房間還怪到妹妹頭上！」媽媽看不慣晟銘愛抱怨的個性，出言制止他。

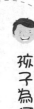

「真的是妹妹弄的啊！她每次都擅自拿我的文具和課本，還亂丟在地上。」

「你就只會說妹妹，衣服幫你摺好後，你還不是隨便塞進衣櫃，不好好放整齊，把衣服都弄皺了；還有書桌上的橡皮擦屑累積得愈來愈多，你也不清掉，還隨手拍到地上，最後還不是要幫你清理；跟你說好多次，不要在房間吃東西，你就是講不聽，結果飲料灑在床單上，也是我幫你洗！」媽媽一口氣把晟銘的罪狀講出來。

「為什麼妹妹就可以不用整理房間，我就得整理？是媽媽偏心。」

「我哪有偏心，妹妹還小，還不懂怎麼整理啊！」

「你只會對我生氣，對妹妹卻好聲好氣！」

「你不要岔開話題，我現在是跟你說整理房間的事情，你卻一直找藉口，只知道抱怨別人，都不曉得自我反省。」

其實這也不是母子倆第一次為了這件事而吵，媽媽一直都希望兒子可以停止抱怨，並反思自己的行為對錯，但是她從未聽到晟銘自省，反而不斷看到兒子推卸責任的一面。

媽媽曾經有很多次耐著性子和晟銘講道理，並告訴兒子做人應該要好好反省自己，而且為了讓晟銘能承認錯誤，媽媽總是不留情面地指責兒子；但是她的態度越直接、越強硬，晟銘就越不肯認錯。

「哥哥，壞壞。」媽媽經常數落兒子的不是，連三歲的妹妹都會跟著附和。

「妳不要吵，不關妳的事！」晟銘很不高興連妹妹也指責他。

「你如果不想被別人講，自己就要把事情做好啊！你以為我每天這樣唸不會累嗎？」媽媽繼續對著兒子碎碎唸。

晟銘面對連珠炮地責備，內心感到很悶，他覺得自己說什麼都不對，做什麼都是錯的，所以媽媽才會一天到晚對他囉嗦，總是對他不滿意。漸漸地，晟銘也懶得和家人談天、互動，每天放學回家，就默默進房間，吃晚餐也幾乎不發一語，漠然的表情看不出任何情緒，爸媽問他是否發生什麼事？他搖搖頭說沒有；詢問他在學校的近況，也都只得到「還好」、「沒什麼特別」等回應。

爸媽試著對他講道理，要他明白為人父母的苦心，但晟銘卻只是冷冷地看著眼前的大人，等爸媽說完，他轉頭就走。父母看到兒子的態度這麼冷漠，有時會忍不住加倍數落他的不是，而他不是不理會，就是和家人大吵一架。

晟銘的爸媽有時會耐著性子不說教，並試圖對他付出多一點關心，但晟銘卻完全不領情，只有在需要零用錢時，才會主動向家長開口，相對於兒子相敬如「冰」的態度，他和朋友聊天、講電話時就有說有笑，看起來相當開朗，面對家人的態度卻是冷若冰霜。軟硬兼施的媽媽已經不知該如何是好，她感到很沮喪，難道她與兒子不能愉快相處、建立美好的親子關係嗎？

不要以為碎碎唸，孩子就會乖乖聽

抱怨是一種情緒表達的方式，若想解決，就要從情緒著手。抱怨不像喜、怒、哀、樂那麼容易辨別，抱怨經過很多層情緒的包裝，可能綜合生氣、挫折、傷心、焦慮等心情。因此，回應孩子的「抱怨」並不簡單，家長對「抱怨」的某些情感與認知，可能會影響父母如何回應孩子的抱怨。

找出抱怨背後的原因

要了解孩子抱怨背後的感情，可以先回想自己曾經抱怨的事件，如：抱怨老公是「呆木頭」，背後的意思可能是「我需要你的陪伴」；對老公抱怨「孩子不好教」，也許是想表達「我需要你的幫忙。」或「不要怪我管不好孩子！」；抱怨「公婆難相處」，要傳達的或許是「我希望情況可以改善。」有些怨言明知說出來也未必能解決，但至少想得到些許安慰；由此可見，抱怨背後總有說不出來的需要。

情緒心理學家曾提到每種情緒都有正、反兩面的功能，而情緒發展與認知系統有很大的關係，其中影響最大的是人如何解釋所發生的事情，有些人會賦予負向的歸因稱為「黑暗想法」；有些賦予正向的歸因稱為「陽光想法」，黑暗想法易阻礙家長回應孩子的真正需求，而陽光想法則帶領孩子走出抱怨的陰霾。

舉例來說，故事中的晟銘向媽媽抱怨了許多事情，但是媽媽沒有察覺孩子抱怨背後的動機，反而經常以生氣或埋怨孩子的不是作回應，導致孩子因尋求不到家人的溫暖，而變得愈來愈冷漠、愈來愈疏離。

重視孩子的內在需求

從心理學角度來看，當人的需求沒有得到滿足時就可能產生抱怨，即使需求不合理，甚至過分，但只要他人沒有給予適當地回應，事後可能產生更多抱怨。情緒穩定是解決問題的重要因素，父母親面對孩子的抱怨，最重要的是協助他了解自己的情感，能以適當地言語來安定自己的情緒。當孩子情緒穩定，就能有較多的能量去面對自己抱怨的事情，並擔負起責任。

無論是成人或青少年，在表達情緒或述說請求時，多半不會直接論述，可能會以情緒化的態度、委婉地試探或暗示等方式傳達，區別青少年的談話類型有助於父母正確回應孩子的需求；一般而言，孩子在透露內心需求時，常有以下類型：

1 純粹想發洩型：當父母提供很多解決辦法和建議，卻遭到孩子忽視或拒絕時，父母可以想一想，孩子需要解決問題，還是只想發洩情緒。或許他們只是想有人聽他們說說話，而不是想聽到長篇大論的道理；父母可以問：「你希望我們當垃圾桶，聽完就好，還是需要幫你想法子解決問題？」通常孩子會直接說出答案。如果孩子只是想發洩，不妨多聆聽孩子訴說自己的心情，才不會導致壞情緒累積。

2 表達自我需求型：如果孩子經常說「為什麼誰可以我不行？」、「誰也這麼做，為什麼只有我不行？」等等，這類型的孩子其實很辛苦，他們害怕直接提出自己的需求，只能藉由別人的行為表達意願。父母可以視情況支持孩子的需求，並鼓勵他：「你直接跟媽媽說你也想要，這樣我就了解了。」讓孩子清楚明白地說出需求，親身感受到「說出來有效果」，將有助於減少抱怨。

③欲達目的試探型：孩子可能會抱怨「誰的零用錢都很多。」、「誰可以打電動。」、「誰現在就有手機。」等，用來試探父母的反應如何？父母應先回應孩子的內在需求：「似乎是你想要更多零用錢、更多玩的時間對吧？」再問孩子「你想要買哪些東西？想玩多久？」聽聽孩子的要求合不合理，如果合理不妨適度調整；如果不合理，家長可直接表達零用錢的額度，或開放玩電動的理想時間範圍。若孩子因比較而產生匱乏之感，試著告訴孩子說：「不用去羨慕同學，因為我們也都是把最好的給你。」

④藉口一大堆型：這類型的孩子為了避免家長的責備，會以「老師功課出好多，所以我才寫不完」、「都是同學惹我，我才會生氣」等理由當作擋箭牌。他們很怕別人說那是他的責任，或是他又做錯什麼事，所以會盡量找藉口並推卸責任。其內心只是想表達：「我已經盡力了，不要再碎碎唸了。」若父母以此為由而嚴厲地教訓子女，孩子只會找更多藉口抵擋家長的責罵；大人應試著說：「我知道你盡力了，若你需要幫忙時，記得說出來！」讓孩子明白你不是怪他，只是想從旁協助他。

親子心結深，用愛就能化解

青少年主見強、喜歡挑戰權威，這些都是青春期發展的特徵。但親子關係出現劍拔弩張，常常是因為父母親心態未能轉換，導致孩子以叛逆的行為來展現四種內在動機：「引起注意」、「追求權力」、「報復洩恨」，以及「自我放棄」。

當父母習慣凡事先說教的時候，孩子就容易頂嘴，甚至批判、挑剔、反對長輩，因為你想用威嚴壓過孩子，他當然就會反彈。相對地，如果父母懂得掌握先機、主動了解問題，孩子就會發現抱怨不是解決問題的良方，甚至覺得坦承才能得到協助，親子關係就不易有心結。

基本上，青春期這個階段，大部分的叛逆行為都來自「爭取權利」和「報復洩恨」的動機。沒有成就感的孩子可能會為了「引起注意」而要酷使壞，但並不會一開始就出現「自我放棄」。一定是「引起注意」不通、「爭取權利」不果，「報復洩恨」仍無法奏效，最後只好「自我放棄」。叛逆的孩子雖然令人頭痛，但向父母頂嘴表示孩子還想在親子關係中爭取共識，還沒放棄和家長溝通的機會。

別讓親子關係降至冰點

如果孩子願意和家長爭論、吵架，表示他渴望表達內心的需要，但若孩子完全放棄，他的態度就是「要說要唸隨便你，不管你講什麼，我都假裝沒聽到，反正我做什麼你都不滿意。」到了這個階段，孩子已將心門關上，家長更看不出孩子的想法為何，親子的相處將變得更艱難。

因此，家長不要只用「叛逆」來論斷孩子的行為，而要了解他背後的動機，才能對症下藥。

從孩子行為帶給你的情緒感受，以及糾正孩子時，伴隨而來的反應是什麼，這兩條線索來研判問題的根源。

以下針對孩子耍判逆的四種不同動機，來談談父母如何調整管教方式，並改善親子關係，幫助孩子順利度過青春期。

1 引起注意：疏於與孩子互動的父母，很容易造成孩子做出「引起注意」的不當行為。以故事為例，晟銘明知三歲的妹妹還不懂事，卻事事要跟妹妹計較，甚至將過錯推給妹妹，向媽媽告狀，這些行為可能是為了要引起注意，想表達自己總是受到忽略，而妹妹比較得寵的心情。如果你發現孩子的行為，極有可能是刻意引起注意，那麼父母勿必要檢視自身是否給予孩子足夠的關愛。

此外，要了解雖然質重於量，但青少年仍需要足夠的關愛；青少年雖然不會與父母過從甚密，但他還是在意父母是否關心自己。若孩子總是聽到父母說教、講大道理，每次碰面，就是要談課業或者指責他的過失，孩子較不會感受到情感上的關照。此外，當孩子出現積極行為的時候，如贏得比賽、成績進步或展現善心等，父母要給予關注，適時適度地鼓勵和稱讚；不要每次等到孩子出現不良行為時，家長才注意到他，如此等於強化他的不良行為。

2 爭取權利：絕大多數的青少年都會主動為自己爭取權利，如孩子小時候，也許習慣聽大人的話，可是隨著年齡增長，他們有獨立思考的能力，不可能完全以父母的意見為依歸。面對彼此之間有不同意見、價值觀的衝突時，父母親也要跟孩子一起學會用建設性的方式來協商，尊重彼此。親子衝突時，不要一直想證明「我懂的比你多，我過的橋比你走過的路還多」，也不要擺出「你就是要聽我的」的態度。親子一起學習用協商和合作的方式，找到解決問題的方法。讓孩子發現父母是願意對孩子妥協的，但必須提出合理建議，才會奏效。

3 **報復洩恨：**當孩子的需求一直無法得到父母的回應時，會因此產生憤怒和受傷的感覺，長此以往，青少年容易以情緒化的言詞發洩憤怒和受傷的心情，甚至不惜出言傷害父母。當孩子經常與家長吵架或冷戰時，父母要先放下懲罰跟報復的心態，即使因孩子的態度而覺得受傷；父母必須比孩子更圓融、成熟地解決問題，重新檢視孩子的需求，並讓青少年覺得被重視和被關愛，才能建立互信關係。

4 **自我放棄：**當孩子面對親子衝突已到了不想處理、不願解決的階段，表示他不再期待父母的作為，而改以冷漠忽視的態度否定這一切。此時家長必須停止嘮叨、批評，即使孩子做了一百件事情，有九十九件都做不好；也要暫且放下批評，抓住孩子做對的那一點給予鼓勵肯定，幫助他建立自信，這樣他才有辦法慢慢找回自我。自信非常重要，肯定孩子內在的價值，親子才有辦法一起向前走。

父母若能聆聽青少年的需求，重視他們的困擾，並陪孩子共同解決，時時讓孩子感受到自己是被愛的，即使父母對孩子有其他不滿，孩子也會認為那是出於父母的「愛和關心」，較不會產生衝突與困擾。但如果父母抗拒孩子的抱怨、忽略其內心的聲音，而採取過度控制，或者是一味責備的態度時，容易增加青少年煩惱、痛苦的來源，並拒絕與家長溝通。

當親子能夠一起面對並反覆協商時，孩子將從中學會尊重彼此的差異性。獲得自主的青少年將變得對自己更有信心，同時也能和父母發展出「亦親亦友」的良好關係。

教養現場朵朵小語

家庭應該是愛、歡樂和笑的殿堂，是孩子的避風港，無論在外受到任何不平衡的對待和委屈，回到家，一切便能釋然。因此，父母要無時無刻傾聽孩子的需求，讓孩子感覺自己被溫暖和幸福所包圍，而不是被長篇大論和沒完沒了的說教給淹沒和覆蓋。

我能給孩子完整的愛嗎 × 我只希望愛我的人開心

單親家庭非悲劇，請給孩子完整的親情

快樂的家長能使孩子如沐春風，憂鬱的家長則令孩子如坐針氈。即使孩子來自單親家庭，家長只要保持積極的生活態度，就能用笑容融化悲傷，給孩子無缺的愛。

小蘋出生於一個不和諧的家庭，自她有意識以來，便經常看到大大小小的吵架戲碼在家中上演。父母不僅經常為了細故吵架，媽媽私底下也會對著小蘋抱怨爸爸的不是。

某天，小蘋站在家門口正準備開門進去，卻在門外聽到裡面傳來謾罵聲。

「你為什麼昨天晚上沒回來？又跑去喝酒了對不對！」媽媽正疾言厲色地質問晚歸的爸爸。

「我工作這麼辛苦，偶爾小酌兩杯有什麼關係！」渾身酒氣的爸爸不以為意地反駁。

「你三天兩頭就喝得醉醺醺回來，根本是孩子的壞榜樣！」媽媽雙手叉腰，與爸爸展開罵戰。

「一回來就要聽你碎碎唸個不停，我寧可不回來！」爸爸不甘示弱地吼回去。

「好啊！你有種就都不要回來，我眼不見為淨！」

爸爸不再答腔，氣得甩門離去，他在門口撞見站立許久的小蘋，無奈地嘆口氣便頭也不回地走了。

媽媽看到爸爸拂袖而去，滿腹怒火瞬間變得憂愁滿面，委曲地哭了出來，邊哭邊說自己運氣不好，嫁錯人又過得不快樂。過沒多久，爸媽就離婚了，爸爸搬走的那一天，媽媽止不住眼淚地說：「爸爸不要這個家了，我只剩下妳可以依靠，妳一定要乖乖聽話，不要像爸爸一樣讓我失望。」

聽到媽媽這樣說，十歲的小蘋感到莫大的壓力，但她沒有言語，不願讓媽媽再受刺激。

自此之後，媽媽將整個重心都放在小蘋身上，若小蘋的成績稍有差池，媽媽就會對她說：「媽媽從小就命苦，家裡貧困無法讓我讀書，找不到好工作，也賺不了多少錢，只好仰人鼻息、看人臉色過日子。妳有受教育的機會就要好好讀，不然就會像我一樣歹命。」

小蘋原以為這只是媽媽的過渡期，也許過一陣子就會復原了，沒想到媽媽逐漸失去平時的笑容，就連一點小事都會讓她感到不愉快。某一次吃晚餐的時候，媽媽夾菜到小蘋碗裡，她嚷著吃不完，媽媽卻臉色一沉地說：「妳是不是要像爸爸一樣，不聽我的話。」

結果，小蘋只好勉強吃完。

升上高年級後，小蘋偶爾會和朋友一起去看電影，有一次，她看了一部浪漫愛情電影，當她和媽媽分享男女主角歷經千辛萬苦才步入幸福的婚姻時，媽媽聽了竟冷冷地說：「電影都是騙人的，根本不能相信。結婚之後，根本沒有幸福和快樂可言，每天要面對一大堆家事，為小孩做牛做馬，丈夫也不會像婚前一樣體貼，翻臉就和翻書一樣快。」

小蘋不懂媽媽為什麼變得如此悲觀，但她又改變不了媽媽的想法，只能暗地痛苦。直到有一天，媽媽接到導師打來的電話，老師向其反映小蘋的在校情況，她說小蘋是善解人意的女孩，與同學相處愉快，但最近卻經常一副若有所思的樣子，問她怎麼了也只是搖搖頭，原本開朗的她變得鬱鬱寡歡，成天唉聲嘆氣；而且年紀輕輕就常對感情的事抱持悲觀想法，覺得自己一定會遇人不淑，或是在感情上受到傷害。

媽媽聽完老師這一席話，陷入錯愕幾秒鐘，她恍然地認為，小蘋會變成這樣是她的責任，於是她趕緊問老師該怎麼辦才好？老師建議小蘋媽媽多關心孩子的情緒，以積極正向的話鼓勵小蘋，讓她能隨時保持樂觀，即使遭遇挫折也能堅強面對。

掛上電話後，媽媽反覆咀嚼老師的話並思考良久，她發現女兒憂鬱的模樣簡直像極了不快樂的自己，要改變小蘋就得先改變自身，於是，媽媽一掃前陣子的陰霾，決定以豁然開朗的態度和小蘋一起快樂地擁抱生活。

不要將悲觀想法帶到教養裡

根據內政部統計，臺灣每三對夫妻就有一對離婚，目前位居亞洲排行第一名，這個統計顯示出，將有愈來愈多的孩子是來自單親家庭。此外，更有學校統計，在二十多人的國中班級裡，約有一半的孩子來自單親家庭，另外三分之二是由祖父母或其他親人代為照顧。隨著單親家庭的比例增加，其單親父母所要面臨的問題及困難，包括如何滿足孩子生活及心靈的需要等，都是相當重要的課題。

單親家庭的親子課題

單親父母所要面臨的問題各有不同，如單親媽媽的壓力可能是來自經濟及管教問題，因現階段不僅要滿足孩子的生活需要、心理壓力，連經濟的重責大任也是落在自己身上；而單親爸爸則要面臨孩子更多照顧及心理建設的需要，如三餐的打理、如何進入孩子的內心世界、面臨孩子的青春期等，由於另一半角色的缺席，單親父母必須學習堅強、勇敢的面對。故以下將提供父母三種方向，幫助自己與孩子度過單親生活的龐大壓力期，讓孩子在缺憾中也能健康成長：

1. 給自己及孩子時間適應：單親父母在一夕之間要面臨突如其來的龐大責任，往往會因為要一肩擔起家中開銷與對孩子的教育，而刻意忽略心理壓力，在沒有宣洩的管道下，其單親父母通常會把情緒發洩在孩子身上，進而傷害了親子關係。因此，適當地壓力釋放是相當重要的。可與好朋友或親人、甚至是專業的協談中心、宗教等方面來尋求幫助或心靈上的慰藉。而當單親父母調適好身心靈狀態時，才能幫助孩子填補破碎的心，並積極面對壓力。

2 良好的親師溝通：在孩子的就學階段，老師和同儕的影響力很大，單親父母可請老師幫忙觀察孩子的狀況，盡可能與老師保持密切聯繫，了解孩子的生活需求及內在的情緒變化，這將有助於單親父母了解孩子的心理狀態。相反地，對於有些單親父母忙於工作而忽略孩子在學校所經歷的一切，或者將教育問題推給老師、學校處理，將會使得孩子在缺乏關懷的環境中走偏，進而造成更多的校園及社會問題。其實，有些孩子之所以會出現情緒起伏大等叛逆的言行，只不過是想得到「關注」，如果單親父母和老師之間有良好的互動及溝通，理解孩子內心深層的心理需求，就不會任意為孩子貼上「壞孩子」的標籤了。

3 固定時間維繫親情：事實上，單親父母並不需要默默承受任何事，應適度讓孩子知道有些事對你來說是艱困、不容易的，請他們盡量包容、協助，讓他們懂得幫忙與分攤責任。此外，也要盡力幫助孩子與另一半維持親密關係，如寫信、通電話、電子郵件、吃飯、出遊等往來，都是填補孩子空虛、增進親子關係的方式。由於孩子缺少另一半的關愛，會產生不安全感，因此若能經常安排時間讓孩子和另一半有密切的互動，可減少孩子的不安，並能滿足孩子對親情的渴求。但單親父母必須注意，切忌為了彌補孩子不完整的親情，而經常以物質滿足孩子，甚至是讓孩子予取予求，形成偏差價值觀。

除了單親父母自行照顧孩子外，請長輩幫忙看顧的情形也愈來愈多，當長輩與父母的管教方向不一致時，將會衍生出許多問題。如長輩因心疼孩子而更加溺愛、教育不足而無法教孩子功課，甚至在孩子面前數落父母等情形，都會在無形中造成單親父母的壓力。因此，單親父母應負起照顧孩子的責任，而不是放任不管，並有耐心地與長輩溝通教養方向，以達到共識，才能協助孩子勇敢並健康地面對人生。

父母的快樂就是孩子的快樂

家庭的氣氛對孩子有十分深遠的影響，因為孩子與家人的相處時間最多，也是孩子最主要的模仿對象。若家長抱持積極樂觀的態度生活，孩子無形中也會受到激勵，以實際作為代替自怨自艾；反之，若父母將消極悲觀的情緒帶入教養中，則會讓孩子充滿不安全感，不敢勇於嘗試新事物，以致遭遇瓶頸或挫折的時候會停滯不前。

承以上所言，悲觀和樂觀並非單純只是心情的悲傷或快樂，而是一種生活態度。正向心理學家塞利格曼在其著作《教孩子學習樂觀》中表示，樂觀的人把不幸的事情解釋成有特定的原因；悲觀的人則詮釋為普遍的現象。例如考試成績不佳時，樂觀的孩子可能會覺得：「因為我沒有好好準備」（特定的），悲觀的孩子有可能歸因於「我本來就不聰明」（普遍的）；比賽打輸了，樂觀者會覺得「我不擅長踢球」（特定的），悲觀者則認為「我運動神經不好」（普遍的）。

當孩子把失敗當成特定事件來解釋時，即使某些部分表現不佳，但孩子仍會積極努力，並在其他方面肯定自己，有了這樣的想法後，他自然就有動機去嘗試，而無須外力介入；但將失敗當作普遍現象時，容易全面否定自己，認為自己任何事都做不好，未嘗試就先放棄。

一個人有可能將悲觀扭轉成樂觀嗎？塞利格曼認為樂觀是可以訓練的，因為孩子的悲觀思想，很大部分是模仿並遵循他所接觸及尊敬的人，例如家人、老師和朋友。其中又與家人的關係最為親密，所以首要之道，就是父母必須先改變自己對事件的解讀方式。若家長送兒女去學鋼琴才藝，表現卻不如預期時，應該這麼想：「多花一點時間練習會彈得更好」或「也許孩子對鋼琴沒興趣，但他的繪畫能力不俗」，而非直接否決「你不是彈鋼琴的料」。

孩子會習慣性地仿效父母的言行舉止，所以父母千萬別讓自己深陷在悲觀的想法中，然而保持樂觀並非不能在孩子面前表露負面情緒，因為人生本來就有無法控制的喜怒哀樂，讓孩子理解你的情緒來源，甚至告訴孩子你會怎麼處理；例如你可以直接告訴孩子離婚讓你感到受傷，你需要一點時間調適，但仍然會努力過生活；但當你感覺傷心憤怒時，應避免將情緒轉移至孩子身上，在這個時候要求孩子做任何事，都只是為了填補心中受到的傷害，日後孩子也會學你遷怒別人。

此外，單親家長可與孩子分享自己的壓力以及面對往後單親生活的想法，讓孩子更了解你的處境與壓力，將有助於他們更加成熟、樂觀，並同心協力地維持家庭關係。

給孩子積極樂觀的教養態度

樂觀的教養愈早學會愈好，其快樂法則就是勇於接受現實的挑戰，以促進自主性、成就感、成功經驗和堅持動力。如此得來的成功經驗，可培養孩子面對挫敗時的復原力，以及對於萬事總有轉機的期待。

無論天氣如何，你可以自己帶著陽光

英國研究機構（NatCen Social Research）針對一萬三千名來自三種不同家庭背景的七歲小孩進行幸福調查，發現不管是來自單親、繼父母、原生父母都在的小孩，覺得無時無刻都很快樂的比率為百分之三十六。即便把可能影響孩子快樂的因素納入考量，結果也沒有太大改變。研究者的結論是，當孩子與手足之間相處愉快、週末常跟家人一起活動等，生長在家庭氣氛和樂的環境裡，就會擁有幸福童年。因此，是不是跟親生父母一起生活，不是絕對重要。

兒女的成長不一定都來自順利、成功的經驗，有些成長，是從失敗和磨難中產生，所以無論事情有多壞，樂觀汲取負面經驗，才是最重要的。以下是家長可以給孩子保持樂觀態度的小提醒：

1. **容許孩子有情緒**：孩子擁有恐懼、悲傷或焦慮的情感，才能學習敞開心胸，克服負面情緒；如果孩子因為輸掉一場球賽而哭泣，家長不應說：「這麼大了還哭。」拒絕孩子發洩情緒，反而會

將親子關係悶壞了；在孩子難過時，應有同理心，體諒他的心情，適時讓他靜一靜，或是聽他哭訴。

2 「快樂」兼具享樂和意義：不管是在校園或家庭，從事對個人重要又有樂趣的活動，才是快樂的推進器，例如分享一本好看的書或一部電影，甚至是運動、下廚、動手做玩具等。確認每一週，都有讓孩子覺得愉快和有意義的時間，因為根據研究顯示，類似的快樂經驗，會增進親子情誼，常保生活愉快。

3 快樂來自心理狀態：快樂並非來自成績好壞或零用錢的多寡，而是能否對現狀感到滿足和愉悅，換句話說，快樂取決於孩子所重視的生活品質，以及對外在事件的詮釋。

4 保持身心健康：身體的狀態會影響心靈，所以陪孩子一起規律運動、充足睡眠，並維持健康的飲食習慣，使其身心平衡就能帶來正面情緒。

5 快樂的指標是關心：讓孩子快樂的最重要來源，就是經常關心他周遭的親朋好友，因此，父母應經常教導孩子彼此關懷身邊的人。

別逼單親孩子太早熟

許多孩子通常是在很小的時候，就面臨父母離異的事實，而無論是單親爸爸或媽媽，常因孩子懂事而忽略他們內在的傷痕，單親家長也許會覺得：「孩子雖然年紀還小，但是他好貼心，一路支持著我。」但其實孩子在小時候，被迫投入去解決「大人」的問題，這種傷害比想像中要大得多。

曾有小二的孩子跟媽媽說：「爸爸既然不要我們，跟阿姨跑掉了，那妳也趕快找一個叔叔啊！」媽媽聽了也許覺得孩子很支持她，但孩子更需要去消化自己被拋棄的恐懼跟憤怒，因此他們其實很需要看到離婚的媽媽（爸爸）示範「人生的挫折該怎麼處理」的生活態度，而不是陷在抱怨彼此的負面情緒中。

不管單親的原因是什麼，都別把家變成垃圾堆，不停地指責和抱怨，因為這樣不僅改變不了什麼，還會讓家庭失去目前所擁有的一切。單親已經夠辛苦了，別再給自己額外的負擔，讓自己走得更加辛苦。

爸媽除了要思考小孩需要什麼，也要先花心力去修復自己，要放下「婚姻出錯」的憤怒跟自責，或被剝削、欺負、不尊重的羞辱感。面對婚變大家都說，小孩很容易受傷，但是小孩也有很強的成長力量。

單親小孩很多，不見得成長中都是缺憾、失敗的，如果你（假設是媽媽）必須單獨養育小孩，建議家長可與小孩談論「過去、現在跟未來」。

過去孩子是因父母相愛而被帶來這世上，如今卻因故離異，告訴孩子，目前雙方的人生方向不同（可能因個性不合、或他選擇了另外的伴侶），但彼此仍會重視孩子的一切，即使爸爸可能無法天天與孩子在一起。但媽媽會盡力保護孩子、讓孩子之後的生活很穩定、快樂，並告訴孩子，他跟爸爸的親子關係永遠不會消失。

即使經過理性而冷靜的判斷，也許某些爸爸（媽媽）沒辦法一起進行教養之責，但無論哪一方，都不要跟孩子說對方壞話、別讓孩子對其中一方產生恨意，並適時表達珍惜和感恩現有的家人，讓孩子珍惜眼前所有，而不是痛恨已經失去的人。

掌握單親哲學，未來過得更好

根據衛生福利部對單親家庭狀況調查，單親家庭已高達三十多萬戶，進而統計出，每十個孩子就有超過一個是來自單親家庭。

單親家庭不是問題家庭，但卻容易因為各項資源的缺乏而陷入生活困境。其中單親家庭面臨三大生活壓力分別是經濟、子女照顧和心理調適的問題：最大的生活壓力還是來自經濟，調查發現，近五成的單親家庭每月收入低於最低基本工資、六成有債務要還、七成覺得入不敷出，甚至有八成五的弱勢單親家庭曾因經濟壓力而走投無路的經驗，其中單親媽媽的經濟重擔又高於單親爸爸。

其次，獨自承受照顧子女的壓力也常讓單親爸媽感到喘不過氣來，調查更發現單親家長的煩惱中，子女行為與管教問題為大宗，七成的單親家長更表示遇到教養問題或困難時，凡事都要靠自己解決，教養的壓力和辛苦不可言喻。

除此之外，一旦落入單親，如何面對孩子和外在眼光的心理調適問題也是單親家長的重大壓力源，調查發現有九成的單親家長對孩子有愧疚感，七成表示會因為單親的身分而刻意減少和親友間的往來，尤其單親爸爸又比單親媽媽更在意外界的眼光。

單親之路的辛苦，相信為人父母一定能明白，光是兩個人養育孩子，就已困難重重，更何況是單親，一個人負擔起經濟壓力、忍受周遭的異樣眼光、遇上困難也只能往肚裡吞。雖然大家常說一旦結婚就不要輕易離婚，但比起夫妻兩個人不快樂地生活在一起，只要能給孩子滿滿的愛及安全感，即便單親的生活辛苦，卻不見得會讓小孩不快樂。掌握一些生活的哲學，可以讓單親這段路走得更順利。

1 學習好好愛自己，找出自己快樂的泉源：有快樂的媽媽或爸爸，才會有快樂的孩子；一個人獨立帶小孩，勢必面臨更多未知的挑戰與挫折，孩子一聲哭鬧可能就會讓你崩潰，過程中會辛苦到讓人難以想像。所以必須找出讓自己快樂的方式。可能是偶爾和朋友品嚐美食、規律地運動，任何能讓自己充電的方式都應該試試看。當自己充滿正面能量時，傳遞的也會是正面能量，小孩感受到的不再是爸爸離開的悲傷、媽媽的憤怒，而是那份得來不易的愛。

2 不要害怕和孩子談論單親：為了不讓孩子擔心，很多時候可能選擇不說自己與另一半為什麼分開。但孩子其實心裡有數。選擇跟孩子坦承，並且告訴孩子「沒有爸爸或媽媽並不是你的錯，我會在你身旁陪你。」讓孩子知道有你愛著他，不會拋棄他。

3 加入媽寶團體，多人陪伴不孤單：一個人帶孩子是非常艱辛的過程，常感嘆一個人的孤單寂寞、遇上困難沒有人幫忙、想分享孩子的成長卻沒人可以討論等。所以，不妨與其他單親家長一起組成小小的媽寶團體吧！透過網路、親子館、公托中心等，都可以獲得不少協助，在需要的時候可以互相幫忙，有問題時可以相互討論，孩子也有更多的陪伴。

4 尋求外援並不丟臉：單親父母給自己獨處的時間很重要。因為孩子需要你，所以得保持旺盛的精力。偶爾放手請家人、朋友或者保母短暫地照顧孩子，人不是萬能，學會求救很重要，別堅持自己一肩擔起重擔。

5 別訂下太高標準：單親家長往往想彌補孩子心中的缺憾，而對自己更加苛刻，甚至訂了嚴格的標準，如埋頭工作，卻忽略跟孩子的相處。其實很多事盡力就好，只有夠好、沒有最好。別為了高標準而把自己逼得喘不過氣，重要的是你跟孩子都要快樂。

6 走出過去陰影，準備好迎接下一個人：離婚的經驗使你對於擁有完整家庭的朋友不免會感到忌妒，容易沉溺於過去的情緒裡，不停地抱怨過去的另一半有多麼糟。其實該做的是重整情緒，讓自己開心，雖然無法改變過去已發生的事，但你有權力決定未來想怎麼過。不論下一個人是不是很快就出現，最重要的是要學習拋棄過去，好好過現在的生活。

單親的路也許辛苦漫長，但把握這些生活的哲學，照顧好自己跟孩子，不要再讓過去影響現在的你，花時間多愛自己一些，相信你的單親育兒之路也會走得順利。切記，家長有能力為單親孩子創造更多的生命資產，讓他們從資源不足的家庭學習更多的愛和感恩，如果孩子學會感恩和付出，無論處在任何困境都會有愛和希望。

教養現場朵朵小語

比起家庭的「人口組成」，家庭氛圍、家人相處關係才是決定孩子是否快樂的關鍵。因為「愛」是家庭最重要的資產，用心投資和經營，學習珍惜和賞識每一位家人，就可以擁有踏實的幸福和快樂。

我希望孩子站在我這邊 × 我感到左右為難

父母有爭執，不該拉孩子下水

夫妻吵架不需要刻意隱瞞孩子，但雙方必須盡量以理性冷靜的情緒處理問題所在，而不是用口語暴力或者壓抑情緒來面對爭執，甚至要求孩子當你們之間的裁判。

「碰！」

巨大的關門聲嚇了博宇和小元兩兄弟一跳，他們正在房間寫回家作業，一聽到巨響便趕緊跑出去看發生了什麼事。

「我跟妳說過多少次，我加班嘛！幹嘛一直唸。」爸媽的房間傳來爸爸不耐煩的聲音。

「加班很辛苦？你有沒有想過我每天忙家事、帶小孩也累得半死，還沒有薪水可以拿。」媽媽也不甘示弱地回嘴。

「妳整天都在家，哪知道我在外面工作的辛苦！這麼愛抱怨的話，不然妳去上班看看！」

「我去上班，誰來照顧小孩？博宇已經國三了還沒話說，小元才剛上小學一年級，要幫忙檢查功課，還要接送他上下學，幫全家準備三餐，最近公公又住院，我家裡和醫院兩邊跑，蠟燭兩頭燒，每天處理這些事，你有關心過我的感受嗎？」媽媽越講越委屈。

這時，小元聽到爸媽的吵架聲感到害怕，便緊張地跑到哥哥的房間裡。

「哥，爸爸媽媽怎麼了？好恐怖哦！」小元害怕地不知所措。

博宇搖搖頭，表示不知道，他拍了拍弟弟的肩膀，安撫他的不安情緒。

「他們是不是討厭我們啊？每次吵架都會說照顧我們很累、很辛苦，是不是我們不要出現，他們就不會吵架了？」小元一邊問哥哥，一邊難過地哭出來。

「你不要這麼想，爸媽吵架是難免的，就像我跟你偶爾也會吵架啊！然後說一些激怒對方的氣話，其實，爸爸辛勞工作是為了我們，媽媽平常也很溫柔地照顧我們，所以他們並不是討厭我們，只是壓力太大了吧！」博宇雖然口頭上不斷安慰弟弟，內心卻很害怕爸媽的衝突越演越烈。

「我怎麼不關心妳了？我每天加班工作，還不是為了這個家嗎？每個月賺的錢大部分都交給妳打理，水費、電費、瓦斯費和生活開銷都不少，加上家裡兩個小孩都還在念書，樣樣都要錢，我是家中唯一的經濟支柱，不努力一點行嗎？」爸爸大聲地吼向媽媽。

「我沒說你賺錢不對，但是你不能只顧工作，不顧家庭啊！你知道孩子們的興趣是什麼嗎？你知道他們的成績如何嗎？你知道我最近累得都生病了嗎？你有發現嗎？你不關心孩子、不關心我，你什麼都不知道，眼裡只有工作！」媽媽氣得一邊講，一邊咳嗽不止。

「好啊！既然妳說我都不關心小孩、不關心妳，那我們找兒子們來評評理，看他們是不是覺得我這個父親這麼失敗。」爸爸說完，就從房間走出來。

爸爸一臉嚴肅，沒好氣地問博宇和小元是站在哪一方的，博宇皺著眉頭看看爸爸，又看向媽媽，無奈地說：「隨便你們大人怎麼吵，也不要牽扯到我和弟弟身上。」

小元則是一看到爸爸生氣的模樣，就立刻放聲大哭，無論媽媽怎麼安慰，他都聽不進去，他哭到激動處，抽搐著身體大聲說：「你們不要吵架！」

夫妻倆看到兩兄弟難過、緊張的樣子，都感到相當不忍心，他們的爭執似乎嚇到孩子們。爸爸隨即心軟並充滿歉意地說：「好了好了，弟弟乖，不要哭了，對不起，我和媽媽不該吵得那麼大聲。」

「你們趕快回房間睡覺吧！我們不會再吵架了，我們會好好跟彼此溝通。」媽媽摸摸弟弟的頭，拍拍哥哥的肩，溫柔地說。

聽完爸媽的話，兩兄弟才鬆了一口氣，夫妻倆看到孩子受到驚嚇的反應，不免擔心大人之間的衝突也會影響到孩子的成長和心靈，他們說好日後要以和平理性的態度來解決問題，以免孩子再度擔驚受怕。

給他安全感，別逼孩子選邊站

夫妻吵架是在所難免的，但孩子往往會因不理解大人爭吵背後的意義，而選擇以自己的認知來消化父母間的爭執；於是，有些錯誤的觀念便可能帶領他們做出傷害自己的事情。尤其當父母的吵架內容涉及孩子時，會讓他們內心產生「父母吵架，是不是因為自己？」的想法，即便父母吵架沒有這個意思，但比較敏感的孩子還是會認為「是因為我，父母才會吵架。」

孩子幼小的心靈需要被保護

對年幼的孩子來說，父母爭吵太過激烈或語氣較大聲，甚至出現肢體衝突時，孩子會加深「爸媽因為我而吵架」的想法，或者在心中產生恐懼、自責，甚至是恨意。因此，他們在家裡便沒有安全感，認為自己不值得被愛，不知道自己該處於什麼定位與角色，進而貶低自我價值。

這些感受會因著他們的性格，使其對親子關係及認知產生混淆，進而顯得沒有自信，加重不安全感，嚴重者甚至還會在學校或外面做出自戕與傷害別人的事。

父母在爭吵過後，不能期望心智年齡尚未成熟的孩子去消化自己因父母爭吵而出現的恐懼與不安，甚至要求孩子站在自己這一邊，這只會讓孩子更不知所措；但對父母來說，有一些原則是在雙方吵架時，需注意的事項：

1. **慎選爭吵與衝突的地點與時機：**父母應盡可能避免在孩子面前吵架，這並非是維持家庭和樂的假象，而是為了保護孩子的心靈。當孩子聽到父母吵架時，很容易將過錯歸咎到自己身上，因而出現不安與恐懼。如果要避免孩子出現這些負面感受，父母最好在房間關起門來平心靜氣地溝通，或者在孩子不在時討論問題。

2 當無法避免地在孩子面前爭吵時，切記在事後向孩子解釋與表達關心：可以用簡單易懂的文字來表達父母之間的爭吵內容，但不需要講得太過細節，以免孩子產生更多擔心。其目的是讓孩子知道，父母的爭吵是希望在某些事上得到共識，但針對孩子的教養問題、學業而產生的爭論，不應讓孩子知道，否則會讓他們感到不安，甚至認為父母不再愛自己了。此外，應關心孩子是否會因父母吵架而產生害怕、恐懼等感受，以免將負面情緒隱藏心中，父母應讓孩子表達內心感受，引導他們朝正向心態發展。

3 對可理性思考的孩子，讓他們知道父母是如何溝通及面對衝突與爭吵：讓青春期孩子了解父母並非完美，且人都是要透過學習和磨合才能成長，並和孩子分享自己應如何調整、改變態度，兩人又是如何和好如初，進而使孩子明白當自己與他人出現衝突時該怎麼處理，其實這對親子來說都是相當好的機會教育。當然，父母在吵架後，也不應於孩子面前說對方的缺點與錯誤，以免讓孩子對兩人觀感產生混淆。

電視新聞中，有時會出現父母因無法控制情緒爭吵，而導致無辜的孩子們遭受暴力傷害，甚至因孩子心中缺乏愛而出現任意恐嚇、傷害同學等事件發生。這聽起來多麼令人心疼。可見一個家庭的穩定與否，深深影響孩子的心靈根基是否穩固，而建立孩子的安全感，有賴於夫妻間的恩愛程度，以及關心孩子的情形。因此，即使是一個小小爭吵，父母也不應忽略孩子的感受。

此外，讓孩子明白父母的不完美並非壞事，相反地，當孩子看到父母願意從爭吵過程中改過、成長，自己也才能從中學習以運用到生活中。

對青少年而言，已經可以理解與人相處，難免會有發生衝突的時候，雖然家長都知道吵架並不好，容易帶給孩子負面的影響，但一家人相處在同一屋簷下，有時實在很難避免。根據研究發現，在孩子面前吵架，有益孩子更明白面對未來婚姻，兩個人該如何相處，尤其對於大孩子而言，能多方思考衝突的原因、過程和解決方式。以下即列出父母爭吵可與孩子談論的正面因素，提供給家長參考。

❶ **並不是所有婚姻都像童話故事完美：**當兩個人長時間居住在一起，共同養育孩子時，一定會有遇到意見不合而吵架的時候，有時甚至會吵到不可開交；雖然吵架對小孩或許有負面影響，但在事後花些時間跟孩子溝通，告訴他們事情的經過，有助於孩子遇到事情時，學習溝通協調、體諒彼此的情緒。

❷ **讓孩子相信愛會戰勝一切：**夫妻吵得面紅耳赤的時候，有時候一個擁抱就會和好，有時卻可能冷戰個幾天。雖然讓孩子看到父母失控的一面，但透過這樣的方式能讓孩子了解到夫妻相處的真實面並不是永遠美好，鼓勵孩子盡力爭取自己覺得對的幸福，即便會吵架，但只要有愛，就能共

同克服萬難。

❸ **不要刻意隱瞞孩子：**雖然父母可以試圖隱藏爭吵的事實，但孩子還是能感受到。孩子是每天相處最親近的人，只要有任何一丁點不對勁，孩子通常都能立刻察覺。所以別對孩子說謊，應該換個方式告訴孩子為什麼會吵架、該怎麼解決，下次遇到這種情況該怎麼處理。

❹ **表達情緒的方式：**夫妻有時可能會因為誰該做家事、誰該扮黑臉而拌嘴，雖然這些事沒什麼大不了，但可讓孩子明白日常生活的小衝突，是希望對方理解自己的不滿，並藉此溝通出解決方法。

❺ **吵架是找到學習相處的方式：**比起說離婚，更難的是找出彼此都能妥協的方式。從爭吵到找出解決問題的過程，是學習相處最真實的經驗。雖然相處不易，但彼此從和平到爭吵，再回歸到和平，將使兩個人更了解彼此。

❻ **學會冷靜面對問題：**私下沒有孩子在場時，吵架容易變得一發不可收拾，情緒化的字眼很容易隨口說出，當話一說出口，就很難再收回了！有孩子在場，可以克制衝突擴大，並教孩子學習冷靜面對問題。不可以隨隨便便就說出「我們離婚吧！」、「你怎麼這麼爛！」等情緒性字眼。

❼ **吵架是了解彼此的方式：**吵架並不代表不快樂，有時透過這個方式更能了解彼此。當夫妻吵架時，有機會發現問題出在哪，然後再試圖找出方法解決，解決的目的就是為了讓兩個人相處更開心。雖然爭吵不可避免，但兩個人對孩子及彼此的付出卻是不容質疑的。

夫妻吵架乃天經地義之事，不用害怕讓孩子知道，但最重要的是吵架的過程別惡言相向，吵完架後也要找個機會跟孩子好好解釋為什麼爸媽會這樣，讓孩子明白兩人吵架的原因。唯有讓孩子明白，才能讓他們在未來更有能力處理自己與另一半的關係。

面對父母離異，灌輸孩子更多勇氣

在現今社會裡，許多夫妻常常因為生活小事而發生口角，或者因觀念不同而破口大罵，因此分居、離婚的案例愈來愈多。對父母來說，或許這是一種快速解決的方式；但對孩子而言，從吵架的那一刻開始，他們所感受到的便是害怕父母分開的恐懼。

以正面態度向孩子坦承婚姻瓶頸

通常夫妻雙方遇到婚姻關係的瓶頸時，建議先嘗試所有有助於婚姻的溝通方式，如兩人坐下來平心靜氣地談論、尋求專業人士的諮詢等。其實，可以讓孩子們知道，父母雙方正在透過這多方管道，積極尋求方式改變關係。因為對孩子來說，如果他們聽到父母吵架，但卻從未得到任何關於吵架的回應（像是讓孩子知道父母在溝通些什麼、如何面對溝通不良和不好的情緒等），孩子在心中便會產生恐懼，並開始害怕面對父母，甚至會對未來感到徬徨。

因此，父母必須隨時幫助孩子進行心理建設，讓孩子知道吵架內容，避免將過錯歸咎到孩子身上，如「都是因為你不乖，我們才會吵架」等；但如果已經嘗試所有方式，而雙方仍找不回對婚姻的憧憬並決定分開時，父母究竟該如何向孩子表達自己的決定呢？

心理學家表示，如果能夠中立且正面地和孩子談論此事，讓孩子知道這是父母經過雙方深思熟慮後所下的決定，孩子比較不會產生焦慮、憂鬱的情形。甚至也可向孩子說「這是我們的共識。」、「我們認為分開對彼此都好。」、「目前對我們而言這是最好的選擇。」，以這一類中立且正確的話語，讓孩子感覺到父母是經過審慎考慮及評估後所做出的決定。

離婚後的教育

若家長認為孩子還小，所以決定先暫時隱瞞離異，或者說一些較負面且不中立的話，像是「你媽就是這種人！」、「小孩子不用管大人的事！」、「都是因為你們不乖！」、「要不是你爸，我們家會這樣嗎？」等，都會讓孩子感到不安，影響其心理健康。

倘若父母決定要分居或離婚時，仍是用情緒化的方式來對待孩子，將會造成他們的二度傷害，並讓孩子產生被遺棄及未知恐懼的感覺，甚至有些孩子會因此變得憂鬱、自卑且沒有自信。

婚姻諮商心理研究者也發現，許多孩子因為父母分居或離婚後，沒有受到完整的照顧，因而對其心靈健康產生一些隱藏危機。像是有些孩子會因為無法面對空缺的愛和安全感，而利用「手段」來達到內心的需求，如誇大自己身體的不舒服，以引起沒有同住的母親來探望他、要求父母雙方給予自己想要的任何東西、利用說對方的壞話來尋求另一方的認同以獲得情感等不當行為。

此外，也有些父母在分居或離婚後，並沒有繼續探視及關心孩子，這會讓孩子心中產生憎恨而出現「你都不來關心我，我為什麼要在乎你」的想法和念頭。

所以，當父母決定分居的同時，夫妻雙方要對孩子之後的生活與教育，進行詳細的討論，彼此也最好擁有探視孩子的權利，並且向孩子表達父母的決定。即便兩人不歡而散，也應盡力維持雙方對孩子的關愛與照顧，不可拒絕另一方去探視孩子，若能在其成長的過程中，保持雙方與孩子的親密關係，即便孩子在不完整的家庭中成長，但依然會保有健全的心靈。

最重要的是，持續給予孩子關懷和安全感，並安排時間與其相處，對父母離異的孩子來說是不可或缺的。

教養現場 朵朵小語

父母牽手相依的背影，是孩子學習愛與親密的第一堂課，父母怒目相視爭吵的聲音，則是孩子學習情緒與解決問題的另一堂課；經營婚姻需要花費心力，夫妻是家庭的支柱，雙方有良好的互動和共識，才能給孩子安心無虞的家庭。

他不怪，他是我的好孩子 × 我不聽話，因為我不想聽

陪特殊兒面對未來，需要更多的關懷

有一群孩子，說話怪怪的，不懂人情事故、不會察顏觀色，常被排擠、不得人緣，對某些事物特別喜愛與執著，大部分的時間都跟自己相處，因爲只有在自己的世界裡才不用戰戰兢兢！

班上同學都不太喜歡仲謙，因為他到合作社買東西時，從不排隊，他每次都拿了商品後，就粗魯地越過長長隊伍直接插隊，絲毫不考慮別人的感受。

上課的時候，仲謙非常愛講話，尤其講到畫畫之類的話題，就滔滔不絕地一直說，老師請他停止，他卻充耳不聞，所以常被老師罰站。

仲謙的聯絡簿每天都被老師寫滿紅字，喜歡插隊、上課愛講話、以不雅言語侮辱同學、破壞教室公物等，媽媽一看到聯絡簿上的紅字，就忍不住搖頭嘆氣，對於兒子的脫序行為，她也略知一二，媽媽總是苦口婆心地勸告兒子不可以任性妄為，但仲謙卻總是講不聽、學不會。

「你為什麼去合作社買東西不排隊？」媽媽耐著性子詢問仲謙。

「因為我要買麵包。」

「你為什麼不聽老師上課，還一直講話打擾課堂？」

「我喜歡講畫畫的事情。」

「你為什麼要罵同學？」

「張婷慧她真的是水桶腰，她的腰那麼粗。」仲謙認真地用手比出寬度。

「你為什麼要把貼在公佈欄的獎狀撕下來？」

「我不想看到。」

媽媽常常覺得仲謙答非所問，雖然她想糾正兒子的言行舉止，但兒子卻左耳進、右耳出，她也不知道該怎麼教仲謙才好。尤其仲謙有一些偏執的原則，讓媽媽感到哭笑不得，例如跟仲謙去逛街買東西，他一定要靠左側走，如果要過馬路，即使路上沒有車，可以直接通過，兒子也一定要至少等一輛車經過，才願意穿過馬路，否則就會一直待著不肯走；而且仲謙吃晚飯前，一定要先洗澡再吃飯，即使菜都放涼了，或是他的肚子已經很餓，仍堅持如此。媽媽遇到這些奇怪的堅持也唯有妥協。

兒子升上國中後，換了一位新導師，開學第一天，老師在全班同學面前一一點名，當老師點到仲謙的時候，口誤唸成「仲纖」，結果仲謙大聲地說：「老師怎麼那麼蠢！『謙』和『纖』都搞不清楚。」

老師聽到仲謙的話，先是愣了一下，接著笑說：「不好意思，我不小心唸錯你的名字。」

仲謙第一次看到有老師向他道歉，而不是發脾氣，他也愣住了。然而仲謙很快就故態復萌，不僅在老師上課時，一直說畫畫的話題，打擾老師講課，同學也紛紛到老師面前告狀：「老師！仲謙他每次去合作社買東西，或是領營養午餐都插隊，而且他還說小育是胖豬！」

於是，老師陪同仲謙到合作社，要他觀察其中一位同學，接著老師說：「你看那位同學的表情，他看起來很急，很想快點輪到他結帳，但是他並沒有爭先恐後地插隊；他輪流排在其他人後面等待，等前面的人付完錢，然後再換他。」老師在「輪流」、「等待」、「插隊」、「爭先恐後」等關鍵字停頓並加強語氣。並一邊說一邊帶著仲謙排隊，講完後，也剛好輪到仲謙結帳。

此外，老師私底下找來仲謙，並告訴他：「小育不喜歡你叫他胖豬，他希望你直接叫他的名字。所以你每次說話前，可否先想一下別人會喜歡你說什麼？」

剛開始，仲謙的改變不大，但經由老師耐心地反覆勸說，他變得願意排隊；而且當他的話要衝口而出時，仲謙總是努力地吞回去，並想過後才說，雖然他說的話還是有點奇怪，但同學已漸漸感受到他的改變。

「胖……不是，小育你只是看起來胖，但你不是胖豬，我想跟你借你買的畫冊。」

小育聽了又好氣又好笑，但大方溫和的他也不吝借出他新買的畫冊，並嘗試和仲謙當朋友。

媽媽翻開仲謙的聯絡簿，再也看不到老師的批評，取而代之的是「熱愛繪畫藝術」、「美術小博士」等讚美的評語。看到老師對仲謙的正面評價，讓身為母親的她感到安慰，她也發現仲謙漸漸懂得替他人著想，學校舉辦懇親會時，仲謙的媽媽更是親自到校感謝老師對兒子的教導。她於日常生活中感受到兒子的改變，她發現仲謙變得較有禮貌且懂得為他人著想。

老師說他沒做什麼，只是切身了解仲謙的需求和個性後，發現他可能是亞斯伯格孩子，也就是自閉症，這類孩童並不笨，只是需要特別的引領和教導，多付出耐心引導孩子，才能使他們與人有良好的互動和自理能力。

聽了老師的話，媽媽便查了許多關於亞斯伯格症的資料，理解到孩子並非她想像中的怪咖，仲謙只是比較特別，需要親人耐心陪伴。同理孩子的狀況後，媽媽不僅更懂得與兒子相處，同時對孩子的未來充滿信心。

特殊兒父母的教養新挑戰

亞斯伯格症（Asperger syndrome）是自閉症的亞型，屬於廣泛性發展障礙（Pervasive Development Disorder）的一種，主要是神經心理功能異常，導致學習與生活適應困難，男女比例約八比一。自閉症患者會有人際互動困難、語言溝通困難與特殊或過度執著的行為。故亞斯伯格患者雖然會主動參與人際互動，但說話技巧差，不擅於社交溝通；但對於特殊興趣的投入程度相當高。

亞斯伯格非關教養

和一般身心與智能障礙的兒童相比，亞斯伯格的孩子外觀完全無異常，有自我照顧的能力，認知能力也無明顯的落後，所以他們就讀於一般公、私立學校，但卻常被誤認為白目、討人厭，很難取得同情。其實這些現象皆屬於症狀之一，並不是教養問題。而關於亞斯伯格症會有的症狀如下：

1. **沒有同理心：**亞斯伯格症患者與人交談時，眼神不太注視對方，經常出現很多不識相的言行；因其無法察言觀色、同理心很弱，故無法理解與遵守社會常規，如不肯排隊、玩遊戲不守規則等，無法依照情境表現適當的行為，且不易融入團體。

2. **聊天互動差：**這類型的孩子語言發展無遲緩現象，甚至發展得特別好，不僅表達清晰，還會說較為艱澀的成語。但他們無法與人一來一往地自然對話與聊天，且因凡事會負面思考與自我中心，常說出惹人厭、甚至刻薄惡毒的話語，並喜歡糾正別人。此外，他們也聽不出語言上的弦外之音，沒有連貫能力，所以不懂隱喻，也聽不懂拐個彎的笑話，與人對談常會滔滔不絕地說自己有興趣的事物。

3. **特殊的偏好：**他們通常有特殊或狹隘的嗜好，對特定學科與事物，如數學、歷史、天文、畫畫和昆蟲等，有非常高度的興趣與天分，但其他沒興趣的事物就很難引起他們的學習動機。生活習慣也有所偏執，如走固定路線回家、到賣場去就非買冰淇淋不可；此外，亞斯伯格症孩子的知覺系統不是非常靈敏就是遲鈍，所以受不了聊天、音樂之類的聲音，或是對周遭任何聲響無感。

亞斯伯格是很常見的症狀，無論都市或偏鄉，每班至少有一到三位這樣「不一樣」的孩子，他們在學習、人際跟教養各方面會發生意想不到的狀況，老師跟家長因為「從沒遇過這樣的孩子，不知道到底怎麼教才對」，產生集體空前的無助、焦慮。第一線導師面對情緒強度高的孩子，亦對於無法統合班級經營、孤單疲憊，常有無奈的感嘆。其實，師長和家長對待亞斯伯格症的孩子要有耐心，可試著從以下方法學習與其相處：

1. **入學前，先告知老師和家長：**每當孩子換新老師、新班級時，應在開學前誠心地與老師溝通孩子的狀況，讓老師有心理準備；也讓家長們知道孩子不是暴力分子，只是有時行為比較奇怪，並表示願意積極配合老師的引導。
2. **入學前，先讓孩子熟悉環境：**建議於開學前，家長可帶孩子逛逛校園，用影像記錄教室、操場、洗手間等重要地點，並反覆觀看影片使孩子對環境感到安心。
3. **幫孩子交朋友：**媽媽可以經常在孩子的聯絡簿上貼提醒的小紙條，並署名「愛你的媽媽」，或是寫一些小紙條給坐在孩子附近的同學，如：「謝謝你溫柔地陪伴他」讓同學對孩子產生好感。
4. **善用視覺教學：**告訴孩子「要乖乖聽話有禮貌」是沒有用的，應先定義什麼是「乖乖聽話有禮貌」，然後帶著孩子實際做一次；練習數次後，再慢慢變化情境、增加難度。
5. **告訴孩子每個人都不一樣：**老師對待亞斯伯格孩子的態度，是影響全班同學態度的最大關鍵。

若老師常和亞斯伯格孩子硬碰硬，或表現出大驚小怪的樣子，孩子可能很難在班上立足。建議老師幫孩子慎選友善的同學當鄰居，並容許孩子有較多的時間處理情緒，或耐心等他的情緒過去，不堅持當下壓制。要懂得放大他們的優點，耐心且溫柔的陪伴；甚至，可以跟孩子先講好一些密碼或暗語；並且在公開場合提醒他們時，也要顧全他們的自尊。

6 **接受早療並定期追蹤評估：**老師和家長平常應細心記錄孩子的異常行為，因為亞斯伯格的孩子接受兒童心智科或精神科的協助後，通常表現良好。各縣市都有早療通報轉介中心、配合的早療鑑定醫院，與師範院校特教資源中心的電話諮詢服務。一旦確診，應積極參加早療課程，課程結束後也要定期追蹤評估。

7 **穩住自己、提供正常家庭環境：**家長是孩子最堅強的支柱，孩子其實可以察覺最親近家人的情緒變化；先穩住自己，才有力氣和孩子一起奮鬥。

尊重彼此的差異，教孩子關懷弱勢

孩子出社會後，將面對各式各樣的人，教孩子如何關懷弱勢、培養同理心是父母必須傳遞給他們的觀念。由於現今網路科技發達，人與人之間的互動可依靠虛擬世界來聯繫，但伴隨而來的問題便是真實互動的減少，這將會產生冷漠、自私的情形出現。因此，父母必須從孩子還小時，就灌輸他們同理心、博愛及用平等的眼光來看待每個人的正確觀念。甚至，還有義務教導孩子如何與特殊人士相處，以及何謂真正的愛與同理心。

認識與自己不同的人

父母必須確實地教導孩子，有很多人在外表和內在天生與孩子不同，外表的差異是顯而易見，如視障、肢障、或其他先天顱顏疾病，而內在的相異較難發覺，如亞斯伯格、過動症等，這類病症可能使其有憂鬱、消極、自私、偏激等性格的產生。

平時應教導孩子將其視為常人，不可用異樣眼光看待他們的不同，甚至排斥，應保持平常心及和善態度與他們相處。

假使看到殘障人士遭受旁人異樣眼光及不當對待時，父母可主動上前協助，以身教讓孩子了解正確的作法。例如在餐廳吃飯，看到行動不便的人招不到服務生時，父母可主動請餐廳人員幫忙；或者，直接給予對方協助等，以行動展現的體貼行為會讓孩子了解該如何給予協助，幫助孩子培養一顆平易近人的心。

此外，若孩子抱怨與殘障人士相處很麻煩時，父母可找機會讓孩子體驗殘障人士平時生活的不方便與辛苦，比如遮住孩子的眼睛、摀住耳朵、只用一隻手做事，讓孩子知道他們必須比別人投入更多的努力，使其學著感謝自己所擁有的，教導孩子要有同理心，不可嘲笑、欺負他人。如果在學校有殘障的同學，也要教導孩子主動關心他們，但並非是同情或看他們可憐，而是以希望成為他們的朋友為前提，主動伸出友誼之手來幫助他們。

倘若家中有殘障的兄弟姐妹或親人，要特別向孩子說明其殘缺的原因，並讓孩子知道父母需要更多的時間和心力照顧之，希望孩子能主動幫忙與體諒。當然，父母也不應忽略與孩子相處的專屬親子時間，避免因忙於照顧有缺陷的孩子，而忽略他們的需求。

切記不要在孩子有求於你時，和孩子說「你已經很幸運了，不要再不知足」等話語，儘管父母希望孩子懂得感恩，但這種充滿諷刺意味的言語，卻會讓孩子感到內心不平或充滿罪惡感。

教養現場朵朵小語

孩子的特殊性應該被視為是一種特質，而不是標籤；標籤化讓特殊兒被放大檢視，甚至遭受歧視，使其成為弱勢族群。只有敞開胸懷接受這種特質，才能正確地理解和支持孩子認識自己。

Part 5

要保持正向思考！

面對教養難題以奇招致勝

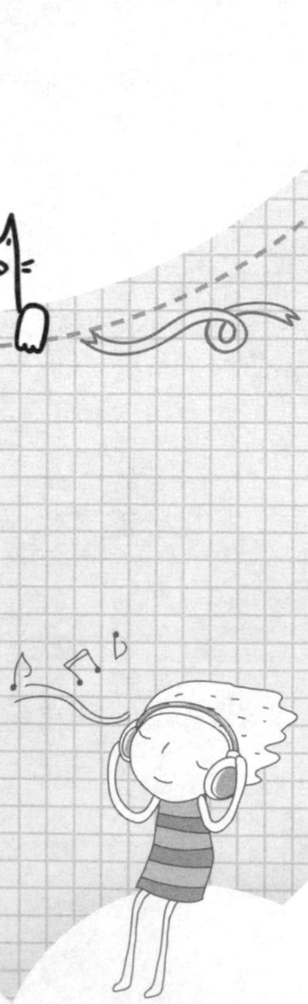

With Positive Thinking

·教養point· 當孩子有行為偏差問題，被認為需要進一步醫療協助，甚至是需要公權力介入管教時，爸媽心中難免有教養失敗的挫折。別灰心，即使孩子經常犯錯，只要找到適合的教養方式，依然能走回正軌。關鍵是，父母必須保持正面積極的心態，陪伴在孩子身邊，給予無限量的支持和鼓勵，讓孩子有勇氣面對未來更多挑戰。

孩子犯法我也沒轍 ✕ 我根本不懂法律是什麼

青少年觸犯法律，父母該從何幫起

影響青少年犯罪的因素，包含了社會、家庭、學校和個人，其中，家庭關係的品質，更關乎孩子從小的人格與道德發展，因此父母教養不可不慎。

小葉和阿毅均為十五歲的少年，兩人平時在學校就惡名昭彰，不僅有偷竊的前科，他們更號稱自己是幫派分子，甚至曾經攜帶刀械等危險物品到校，隔壁班的同學小偉發現後，告訴教官有此情形，雙方因此發生口角。

經校方查明後，將小葉和阿毅予以記大過處分，小葉氣不過，便於翌日與同學阿毅到教室找小偉理論。

「你很囂張嘛！敢當報馬仔，還跟教官打小報告，我看你是活得不耐煩了。」小葉對小偉出言不遜。

「我只是實話實說，你們帶刀子來學校，本來就很危險。」小偉雖然感到畏懼，但他還是冷靜以對。

校內的上課鐘聲響起，老師很快就到各班級上課，小葉和阿毅未避免老師看到他們威嚇小偉，便說：「以後給我小心一點，否則你就死定了。」小葉和阿毅丟下這句話便離去，卻已讓小偉心生恐懼。

過了幾天，小葉和阿毅再度找上小偉，要求他明天放學後至校外談判，臨走前，兩人更向小偉恐嚇：「如果不來或向老師報告，會讓你死得很慘。」

小偉聽到這些話感到非常害怕，回家後也一臉心神不寧的樣子，他一想到明天可能會被小葉和阿毅恐嚇威脅，甚至毆打，就感到非常懼怕。

「小偉，你怎麼了？為什麼一副心不在焉的樣子？」媽媽看到兒子受驚害怕的模樣，覺得很奇怪。

「我……我沒事啦！」小偉害怕跟媽媽說反而會引來更多麻煩，但是他額頭卻冒出冷汗，聲音也頻頻發抖。

「你到底怎麼了，今天的你很反常，你老實告訴媽媽發生什麼事了。」

小偉抵擋不住媽媽的追問，便將今天被小葉和阿毅威脅的事情全盤托出，媽媽聽了之後，感到不可思議，沒想到單純的校園環境，卻有恐嚇事件發生。

小偉的媽媽原本想立刻打電話給老師說明此事，請老師好好處理，以免兒子抗拒上學和上課，但電話才拿起來，小偉就立刻撲過來阻止。

說。

「不行打！要是小葉和阿毅知道我把這件事跟老師講，他們一定會找我報仇。」小偉害怕地說。

「不要怕！我們不該姑息他們恐嚇的行為，而且這些行為已經觸犯法律，他們必須受到法律的規範。」媽媽冷靜地安撫兒子，並告訴他關於法律的觀念。

「但是我明天到學校還是會遇到他們，要是他們被老師約談，之後一定會更加氣憤，而且他們說自己是幫派的人，搞不好會找人來向我尋仇。」小偉越說越害怕。

「你不用擔心，告訴老師這樣的情形，他才知道該如何保護你，你也不需要一個人面對惡勢力，我會和老師表達他們的行為已經觸犯法律，我想要報警，請警察處理，讓他們知道恐嚇和威脅的後果。」

聽了媽媽的話，小偉的情緒總算安定下來，他也不再阻擋媽媽打電話給老師。媽媽隨即打給導師，說明孩子在學校遇到的狀況，並尋求協助。

「小葉和阿毅這兩個孩子的家庭環境比較特別，小葉的父母在他小時候就因多次爭吵而離異，把小孩丟給阿嬤照顧，阿嬤年紀大了，也管不動他；阿毅的爸媽則是小時候管他管得很嚴苛，但後來長年在國外經商，阿毅缺少大人在旁觀管教，個性也變得更加無法無天；兩人平常在學校就聲名狼藉，還認為加入幫派是講義氣的行為，如今竟然愈來愈不知收斂，甚至威脅小偉；即使再記大過懲處，對他們也是不痛不癢，希望報案處理，能讓他們真正學到教訓。」老師聽了媽媽的說法，也認同報警的方式。

於是，媽媽向警察局報案，經警察局移送至少年法庭調查後裁定開始審理。

不縱不枉！建立法律觀念

新聞節目常出現青少年犯罪的案例，無論是群毆械鬥、慣性偷竊或恐嚇勒索等，這些青少年的父母有的會出面向被害人家屬跪拜道歉，懇求原諒；但也有的父母冷淡以對，表示孩子深受幫派、同儕團體或大眾媒體影響，自己早已管不動孩子，乾脆送孩子去坐牢讓警察管理。究竟青少年的犯法行為，家庭要負多大責任？

家庭對孩子的影響力

不同家庭對孩子有不同影響力，並隨孩子的年齡而異。但一般來說，影響青少年犯罪的因素，不外乎是社會、家庭、學校和個人。

根據統計，少年犯罪年齡以「國三至高一」階段約佔百分之六十五為最多，其中不良的社會風氣會提高孩子的犯罪機率，如搶劫、竊盜、恐嚇頻傳的案件，在無形中影響青少年的行為，甚至使其模仿犯罪行為；此外，在知識學習方面，學校的影響力也很大，因為學校有不同專業背景的師資、高度系統化的教材以及必要的教學設備，通常不是家庭所能提供。

但在人格與道德發展方面，家庭的影響力卻勝過學校，因為人格與道德的培育，比較仰賴家人間的互動、價值的認同、生活的實踐與長期的薰陶，而非課堂上直接的教導。

以下即針對家庭教育的重要性，提出預防青少年偏差行為的教養方針：

1. **建立良好的學習對象：**子女第一個模仿的對象就是家中的父母親，為人父母者本該秉持著良好的行為模式與生活理念教育兒女，使其在成長的過程中，培養出不為外在環境所引誘的生活態度，以及能夠認同本身的生活方式。也就是說，父母親應該在生活當中，灌輸子女正確的觀念，並且作到「以身教取代言教」，讓子女能深刻了解父母親的用心良苦，並不只是單方要求孩子達到父母親所要求的標準而已。唯有這樣，才能在子女成長的過程裡，落實家庭應有的教育功能，使子女能有一個完善的成長天地。

2. **良性溝通管道：**隨著時代的變遷，父母與子女之間不再只是建立在威權體制中「上對下」的關係而已，而是必須要附加在「良性的溝通」中，去培養子女對父母的依賴與信任。因此，現代的父母欲讓子女不迷失方向，並走上正途，最重要的就是要讓子女明瞭「父母」在生活中不僅是扮演著父母親的角色而已，更同時扮演著「朋友」的角色。因此，親子之間溝通的好壞，也決定了親子關係的親密與否。在子女成長的過程當中，親子關係越密切，越能引導子女走向人生的正軌。關於這點，從少年犯多半來自於父母不詳、離婚或分居的破碎家庭中可見一斑。

3. **建立家庭與學校互動的管教模式：**現代社會的家長多忙於工作，使得部分家長對端正孩子的品格有誤解，認為自己辛苦的賺錢，為的就是要讓孩子的物質生活不虞匱乏。因此，家長負責賺錢幫兒女繳學費，讓孩子到補習班、才藝班學習，剩下的就是學校和老師的職責，如果子女在學校課業表現不佳、與人鬥毆滋事，是學校教育的缺失。事實上，只要子女的行為脫離了常軌，學校與家庭要同步負起管教之責，保持良善的互動，時常關切孩子的內心想法，孩子才不至於成為迷途的羔羊。

建立溫暖的家庭氛圍和正向的教養態度

在父母的管教態度方面，最可能促成青少年偏差或犯罪行為者，依次有三大類，分別是：拒絕、疏離、忽視、冷漠的態度；過度嚴苛、獨裁威權、好用處罰的態度；父母分歧、前後矛盾、缺乏原則的態度。

上述的教養態度將會影響孩子待人處事的方面，導致孩子有負面的生活態度；從正面教養心態而言，防範青少年偏差或犯罪行為者，分為以下三大類：

1. 心中有愛且善於創造親子相處時的正面氛圍：在家庭關係方面，父母的婚姻關係會影響親子關係，親子關係會影響兄弟姊妹的手足關係，三類關係構成家庭關係的整體氛圍，其影響力比父母嚴厲的管教態度更強大。在正常家庭氛圍下，父母親關係平等、價值觀一致、婚姻和諧、很少公開爭吵，對孩子表達關愛時不會感到難為情，即使嘮叨也不失真情，即使權威也不失理性；全家常聚在一起活動，無論是運動、郊遊、拜訪親友等，創造溫暖的氛圍，一起消磨休閒時間或發展共同興趣。

❷ 民主尊重但謹守理性道德原則：日常生活中，時常與孩子對話、溝通，重視孩子的說法，並尊重孩子的選擇，使孩子遇到困難或挫折時，願意找父母尋求忠告；但在面對孩子犯道德上的錯誤時，會有一定的底限和原則，並針對孩子的偏差行為生氣、責備、解釋原因、甚至變得更嚴格。

❸ 原則前後一致且父母雙方一致：夫妻之間對於教養態度有共識，並一致性地對待孩子，其原則清楚合理、獎懲分明，讓親子能夠互相信賴、依靠。

相對而言，在較可能孕育偏差或犯罪行為的家庭裡，父母較常吵架或暴力相向，且不擅長用溝通方式解決衝突，彼此很少相互體貼或共同活動；父母常以處罰來威脅孩子，但又沒有確實執行或是過度嚴苛，抑或是口頭說要獎勵孩子，卻也沒有做到；有些父母甚至會偏愛某個孩子或過度溺愛，溺愛時偏好以物質滿足的方式，且缺乏是非原則；當孩子犯道德上的錯誤時，如說謊、偷竊時，父母又沒有加以制止。此外，親子互動時間不多，溝通經常無效或潛藏敵意，缺乏共同嗜好或活動；孩子不喜歡待在家裡，晚上喜歡外出，即使留在家裡也寧願獨處；孩子對父母的評價偏低，即使認為父母意見可能有幫助，也很少找父母商量問題或討論自己的將來。這樣的家庭環境會讓孩子無所適從，不知該依據哪些準則待人處事，因此容易發展出偏差的行為與態度。

傳達正確的法律觀念

除了家庭失和的因素，惡質的環境、幫派介入、組織犯罪、特種場所、不良網路、暴力節目、犯罪手法的報導、過度功利或價值觀扭曲等因素，皆可穿透家庭、滲透校園，影響孩子的行為舉止。

因此，家庭和校園除了應時時對孩子付出關懷外，適時傳達法律觀念，也能阻止青少年犯罪的機率。

如小葉和阿毅的行為，經少年法庭調查認為有觸犯刑法第三百零五條恐嚇危害安全罪名之非行，最後裁定小葉交付保護管束；阿毅應予訓誡並予以假日生活輔導等處分。

而無正當理由經常攜帶刀械、盜竊、賭博、過失傷害等行為，不僅會觸犯刑罰法律，也可依罪刑裁定予以假日生活輔導、交付保護管束或訓誡等處分，預備傷害所用的物品、賭具、偷竊器具和透竊得手之物品，也會一併宣告沒收。

承上所言，為了讓孩子安全生活在家庭、校園和社會環境中，必須重視孩子的日常行為教導和法律概念，並讓受到威脅的孩子學習勇敢面對、克服，才能避免青少年犯罪率節節升高。

預防青少年犯罪，人人有責

青少年犯罪問題牽涉到家庭、學校、社會等各方面，故專家學者指出：少年犯罪原因「肇因於家庭、惡化於學校、顯現於社會」，應深入了解問題所在，整合社會各種資源，推動公、私立福利機構之力量，共同防制和改善犯罪少年和其家庭之困境，排除對青少年發生不良影響的因素，使每一位青少年有正確人生觀。防治少年犯罪須秉持「預防勝於治療」之理念，讓青少年重歸常軌。具體作法如下：

1. **加強親職教育，健全家庭生活、功能：**對青少年而言，父母親是非常關鍵的角色，會受到各方面的挑戰，並非青少年不願和家人相處，只是青少年階段的孩子需要獲得同儕的友誼、支持，所以容易和家人疏遠，於是身為家長更需要付出適當的關心，和青少年拉進距離，使家庭中沒有代溝。
2. **加強學校輔導教育功能：**教育的功能不只是對智育成績的要求，而是要讓學生能充分發展潛能，並適應未來生活，因此在教育方面，應注重生活、情意教育，培養學生主動學習的態度，學生對學習有興趣，自然就不會逃避課業了。家長應配合導師的教學，發掘孩子的興趣，並側重發展，讓孩子正面肯定自己，就不易有負面的言行舉止。
3. **社會應致力於建立一致性之共同規範，引導約束少年之生活：**俗話說：「上樑不正，下樑歪」，社會風氣對青少年的價值觀也會有影響，因此社會大眾應一同塑造有文化素養的風氣，而非以爭權奪利為社會風氣，以免青少年效仿。父母可於平時鼓吹熱心助人、彰顯正義的行為，無形中教化孩子成為其中一員。

給青少年改過的機會

著名的臺灣歌手蕭敬騰也曾有狂妄、變調的青春期，所幸音樂適時拉他一把，他用搖滾重生，還始料未及地攀上偶像高峰，人生頓時蛻變。蕭敬騰曾於接受訪問時，毫不避諱地說從前曾經歷參加幫派、抽菸、打架鬧事的荒唐生活，並以自身例子給新世代一點警惕、一份希望。

他於受訪時提到，青少年應誠實面對自己，如新聞曾報導，他有閱讀障礙，看書寫字對教育普及的臺灣人來說是很基本的能力，但對他來說，竟然出奇地困難。舉凡劇本、歌詞或海報，無論字數多寡，他都要仰賴經紀人幫忙，逐字逐句地唸給他聽；當然，這也反映在求學時的課業成績上。

然而，他並不以此自卑，他認為成長過程中，每個人都曾感到無助、委屈、想要逃避，從迷惘到自覺，是一段辛苦、需要毅力的過程。學科不好，並不代表比較笨，找到專長、往自己擅長的方向努力，也可以變成人生勝利組。因此，他踏入音樂行業，在這個領域發光發熱。

蕭敬騰回憶自己過去是愛打架鬧事的問題學生，總被老師痛打，但無論老師怎麼打，他還是不聽管教；直到他因打架鬧事，進了少年輔導院後，院內的義工適時給予關懷開導他。然而，義工並沒有試著勸解蕭敬騰，或企圖把他從不良場所拉開，只是陪伴他，並互相談天、溝通。

當初溫暖的感受至今仍記憶猶深，他逐漸了解何謂簡單的幸福。因為接受過包容與愛，蕭敬騰更願意關心迷失方向的人，讓對方知道，世界上還有人願意對他們付出關心，並分享寶貴的人生際遇；他也建議青少年，除了交友、求學以外，要趁早找到興趣。

直到現在，蕭敬騰仍持續對邊緣青少年付出關愛，甚至盼望能蓋一所通才的學校，他理想中的教育，是能容納各種人，也能為失學、有學習障礙的學童找到出路。

他認為，一般的加油打氣顯得空洞疏離，不如陪著他們出外玩一圈，無論是遊樂場、籃球場、溜冰場都好，並從聊天中引導他們找到真心追求的興趣。他進一步表示，肯動腦思考的人都能找到擅長的事，只怕不願意。

讓孩子學習包容、原諒和接納

對於曾經犯錯違規、誤入歧途的青少年來說，改過向善並不容易，家長可多利用類似的案例鼓勵曾經犯錯的青少年，並隨時給予他們溫暖的擁抱和關懷。

從英國的統計報導中發現，有百分之七的青少年罪犯被關押，而其中百分之八十的犯人在獲釋後再度犯法。青少年再度犯事的數字表明，把青少年罪犯關起來不是治本的解決辦法。

青少年的生活環境是主要的影響因素，獲釋的青少年回到原本惡質的環境，很難能出淤泥而不染，而多數人又會帶著有色眼光看待這群孩子，對此，家長可教導孩子學習去包容和原諒曾經犯錯的人，並試著接納、以善意改變對方。

很多孩子都知道，傷害別人的時候，應該請求對方的寬恕。但是寬容的雅量卻是很不容易做到的態度，告訴子女，原諒犯錯不是意味著漠視所犯的錯誤，而是了解犯錯的原因，允許他人自我改善。

教養現場朵朵小語

人非聖賢，孰能無過。一般人因一時衝動而犯錯是可以被理解的，但若放任不管，就可能演變成「細漢偷挽瓠，大漢偷牽牛」的後果，因此，親朋好友除了要給予改過的機會外，更要鼓勵孩子，意志力是成敗關鍵，想要改正錯誤，就要看自己有沒有決心。

為什麼孩子要吸毒✕我只是好奇試試看

毒品滲入校園中，教孩子向毒品說「不」

毒品對身體的危害相當大，孩子卻可能只是爲了好奇而上癮，無論是師長或家長都有必要再三勸導毒品的可怕，避免孩子因吸毒而毀了自身的健康和前途。

家信今年十八歲，在高職念書，他不僅沒有打算繼續升學，對學校的課業也絲毫不用心，他有很多同學都在擔心未來的求職環境愈來愈差，會找不到好工作，但家信卻自認已經找到一條生財之道。

家信認為讀高職根本就是個錯誤的決定，他很想放棄學業，但在父母親的期盼與壓力下，他不得不順從父母的要求，至少要取得高中文憑。但他對唸書一點興趣都沒有，不僅經常上課打瞌睡，還不時翹課去網咖打線上遊戲。

在遊戲中，為了獲得較好的裝備和武器，家信常常購買遊戲點數，以換取遊戲裡的商品，家裡給的零用錢不多，但他在點數上的花費卻不少，由於他同時玩多款線上遊戲，因此常常缺錢買點數。

他在網咖認識了一名三十多歲的男子，這名男子主動搭訕家信，還約他一起玩遊戲，甚至買遊戲點數送給他，家信很快跟他結為朋友，兩人常相約打線上遊戲。

有一天，這名男子再度約家信到網咖碰頭，但家信早已花光零用錢，便老實對他說：「我沒錢去網咖打遊戲了，下次我拿了零用錢再約你吧！」

「錢算什麼？我多得是，如果你想要，我還可以教你怎麼賺大錢。」男子佯裝大方地對家信說。

「真的嗎？我看你整天玩遊戲，也沒有工作，你的錢是從哪裡來的？」家信充滿疑惑。

男子左顧右盼地確認四下無人後，從外套的暗袋拿出一小包藥丸，他對家信坦言現在很多年輕人都愛吃「搖頭丸」，只要他放到網路上兜售，就可以輕鬆大賺一筆。

聽了男子的話，家信決定鋌而走險，利用一個免費的即時通訊帳號，上網販賣時下年輕人流行吸食的「搖頭丸」。家信固定向男子取貨販售，甚至在校園內偷偷賣給學生，許多人因好奇或壓力大等各種因素，都紛紛掏錢向家信購買搖頭丸。

盈真是某國中二年級的學生，她在同學的驅使下，經由同學介紹而嘗試食用搖頭丸，並漸漸染上吸毒的習慣而不能自拔。

某日，她經由網路，得知家信是販賣「搖頭丸」的藥頭，心中暗自竊喜，為了滿足自己的毒癮，盈真向家信購買搖頭丸，二人相約在某家KTV內的包廂見面交貨。

交易當天，盈真和家信一手交錢，一手交貨，盈真甚至當場就服用搖頭丸，但兩個未成年人卻被臨檢的警方當場人贓俱獲。

事件爆發之後，家信的父母不可置信，自己的孩子竟然是販毒集團的藥頭之一，他們自認兒子平時雖不愛念書，但應該不至於走歪路，沒想到卻甘願為了賺錢而冒著違法的風險。

此外，警方調查之下發現，校園染毒的情形相當嚴重，校外人士利用像家信這樣的中學生在校園內散播毒品，並吸收未成年學生當藥頭販毒，引起家長和師長之間的恐慌，除了加強宣導毒品危害，還有什麼方式可以阻絕青少年受到毒害呢？

別讓孩子掉入毒品陷阱

根據警方調查，現在的販毒集團常瞄準像家信這樣的學生，以金錢利誘未成年成為藥頭，並在網路和校園等場所販賣、散布毒品，父母必須多加留意孩子出入的場所、與人交往的情形和金錢的花費，適時關心孩子的日常所為，才不會等到事件發生時，後悔莫及。

近年來青少年吸毒問題愈來愈嚴重，吸毒不僅危害個人身心健康，也嚴重影響了國力、公共秩序及社會安全。尤其未成年的孩子生理和心理發展尚不成熟，吸食毒品會妨礙生長發育、智力也會因此受損，傷害甚至會持續一輩子。現在各家電視媒體以及各版的報紙皆頻繁地出現有關青少年吸毒事件，校園方面也積極舉辦防毒宣導演講活動。為使孩子提高警覺，加深對毒品的認識，更希望給予時下懵懂青少年警惕，以免因好奇無知而染上毒癮，以下將提出有關毒品的相關介紹、接觸毒品的後果，以及法律方面的問題及責任。家長若能作好預防措施，就能避免孩子沉淪毒海，落入毒品陷阱。

認識毒品分級

政府為有效防制毒品危害，曾於過去實施多項反毒政策，從斷絕供給到減少需求，期間更有「毒品危害防制條例」立法實施之變革，對吸毒初犯採除刑不除罪措施，以觀察勒戒或強制戒治替代刑罰。然而，毒品新制實施初期雖略見成效，但隨著時代進步，毒品的氾濫程度也日益嚴重，各種替代毒品一一出現，毒品濫用的情形也愈來愈低齡化，許多年輕學子更以身試險地吸毒；家長告誡孩子遠離毒品時，可盡量更具體地呈現毒品的害處，比起口頭說吸毒不好、不要碰毒品等更具說服力。以下即列出毒品的分級與其對身心健康之影響：

1. **一級毒品**：海洛因、嗎啡、古柯鹼皆屬此類，使用後會產生興奮、發抖、心跳加速、血壓上升、被害妄想、幻覺。大量使用引起精神錯亂、思想障礙，長期則引起失眠、躁動或妄想性神經病。
2. **二級毒品**：常見的有安非他命、搖頭丸、大麻、搖腳丸、一粒沙。能興奮中樞神經，具有欣快、幻覺及抑制食慾之作用，但重複使用會成癮，中毒症狀包括多話、頭痛、錯亂、高燒、血壓上升、盜汗、瞳孔放大、食慾喪失。食用劑量過多甚至會引起精神錯亂、思想障礙，類似妄想性精神分裂症，多疑、幻聽、被害妄想等，有高血壓及腦中風之危險。

❸三級毒品：FM2、小白板、丁基原啡因、K他命皆屬此類。FM2為白色結晶體，多被製成藥片，具成癮性，服食後，有注意力無法集中、精神恍惚、渙散、呼吸抑制、肝腎受損的情形，最後終至昏迷死亡。

❹四級毒品：蝴蝶片、一粒眠為常見種類。屬強力安眠藥，能迅速誘導睡眠，需依照醫生指示使用，能減輕緊張及焦慮，有放鬆感。過量使用會引起嗜睡、注意力無法集中、神智恍惚及昏迷現象，並造成反射能力下降、運動失調、頭痛、噁心、焦躁不安、性能力降低、思想及記憶發生問題、精神紊亂、抑鬱等情況。

吸食毒品是一種長期的自我傷害，也是一種慢性自殺，對青少年朋友而言，不但會毀掉自己的前程、健康，陷入痛苦的掙扎，也會造成親人與家庭的重大傷害。

青少年吸毒的原因，通常來自同儕的影響，如故事中的盈真在同學的驅使下，不善拒絕別人的誘惑，並為了尋求同儕的接納與認同，而陷入吸毒的泥淖。

染上毒癮的初期症狀，其實不難辨認，若能及早發現孩子吸毒的情形，才能及時戒除藥癮。家長可觀察孩子近期是否出現情緒起伏大、輕易發怒，或敏感多疑、藏有祕密的行為，並且經常堅持獨處的隱私權；此外，學校功課突然一落千丈、上課打瞌睡、翹課、時常晚回家、夜生活增加，或結交來歷不明的朋友；甚至精神狀況不佳，目光呆滯、精神渙散、注意力不集中、食慾變差、日見消瘦、身上長出紅疹子等；偶有自言自語、幻聽幻覺，或做出無意義的動作；尤其金錢花費大，或有偷竊或借錢行為時，家長都必須特別留意。

一旦發現家中青少年吸毒，家長不要急著責罵，好好跟青少年朋友談談，並表達關心，如果沒辦法讓青少年朋友體會到真誠的關心，反而會適得其反。此外，家長也應該立即糾正，並向學校檢舉有人在校園內販賣毒品，以解救更多陷入毒窟的青少年，也要與學校輔導人員保持密切聯繫，一起努力協助孩子戒毒；由於吸毒是一種成癮行為，必須要有醫療層級的方法介入，所以，確認青少年朋友患有毒癮時，應該帶青少年到指定的醫療院所，尋求專業協助，進行有效的戒治。

無論是各地方的毒品危害防制中心、醫療院所或宗教團體，都是可以諮詢的對象，積極的尋求協助，才是解決問題的最佳良方。

與毒品相關的法律刑責

毒品氾濫問題日益嚴重，連帶使青年學子在校園中買賣、服食毒品情形也愈來愈常見，毒品入侵校園問題的嚴重性不能漠視，由於學生的法律常識普遍不足，容易誤以為不必負刑責或刑責極輕，學生的錯誤行為未能被及時糾正，將導致毒品快速在校園傳播。通常校園內的毒品來源是藉由問題學生引進，一些缺乏判斷能力且易受同儕影響的學生即成為重要的消費族群。

一般來說，製造、運輸、販賣毒品可處五年以上徒刑，最高可處死刑或無期徒刑；意圖販賣而持有毒品可處三年以上徒刑，最高可處無期徒刑；脅迫欺瞞或非法使人吸用毒品，可處五年以上徒刑，最高可處死刑及無期徒刑；引誘他人吸用毒品可處六個月以上十年以下之有期徒刑；轉讓毒品最高可處七年以下有期徒刑；施用毒品最高可處五年以下有期徒刑；持有毒品最高可處三年以下有期徒刑。

上述關於販毒或吸食毒品的相關刑責，會依照毒品分級判刑，以一級毒品的刑責最重，即使未成年的刑責較輕或可減刑，但家長可警示孩子刑罰會留下前科，販售毒品更會危害他人健康，故切勿以身試法。

青少年吸毒的原因

很多青少年因無知、好奇、想逃避現實等想法，而開始接觸毒品；亦有可能受同儕影響，覺得不一起吸毒便是不合群、不合潮流的；為了面子，甚至有些青少年因愛出風頭而吸毒，無論原因為何，上癮後往往已經太遲，因為要戒除斷絕毒癮實在太難。以下統整出時下青少年吸食、接觸毒品的原因，讓父母可以多關心孩子的心理問題，改善未成年吸毒的問題。

1 **同儕的引誘：**同儕之間因為年齡相近，有些行為偏差的青少年就會引誘朋友一起吸毒。以「是朋友就試一下」、「不敢就是卒仔」等激將話語誘使同儕吸毒，而絕大部分的青少年血氣方剛、禁不起這樣的挑釁，往往抱持「只是試試看，不會怎樣」的心態，卻不知道往後可能面對的成癮問題。由於青少年重視同儕間的看法，在尋求同儕的認同過程中，容易因畏懼同儕壓力，或因好奇受不了誘惑，而在明知或無知之下濫用違禁藥物，導致成癮情形。家長應提醒孩子與人交友，必須互相信賴、扶持，絕不是建立在威脅利誘的基礎上。

2 **追求刺激及好奇的心理：**青春期是進入成人的準備期，對四週環境敏感度高、好奇心強。一般會吸毒的青少年都有追求刺激的心理，很多都是因好奇而吸毒，多次之後，就慢慢沉淪下去。父母必須給孩子一旦吸毒就難以戒斷的觀念，若因好奇就接觸毒品，可能會因此導致不自主的尿失禁、感染愛滋、神經損傷等，並多舉出實例，或利用影片讓孩子能真正感受到毒品的危害。

3 **家庭互動不良：**青少年時期是渴望自主、追求獨立的反抗期，若父母管教態度欠缺親情、放任或過於權威、專制且有對立意識，均會直接破壞和諧關係，進而引發摩擦、衝突，並促使青少年感到壓迫、疏離而容易接近藥物。此外，父母僅重視子女學業成績，忽略生活教育、品德教育，也會讓孩子為了反抗或報復而刻意接觸成癮藥物。

4 **課業問題：**在課業壓力下，學習程度較差的孩子因學習挫折、考試不及格或難以適應學校環境等，無法找到正確的紓解壓力管道，便逃學、遊蕩不良場所，而染上吸毒惡習。家長除了要幫孩子找到學習動力，鼓勵他們發展興趣，也要避免孩子出入網咖或人口較複雜的場合。

引導青少年向毒品說「不」

家庭在青少年成長的過程中佔有相當大的影響力。若青少年不小心染上毒癮，家人對青少年偏差的行為有糾正的力量。在溝通的過程中，父母的態度必須「諒解」（我了解你處在很大的同儕壓力下而使用藥物）、「堅持」（作為你的父母，我不能允許你涉入有害的活動中）、「自我監控」（我使用的酒精、藥物消費的習慣是否對我的孩子有不良的影響？），同時保持冷靜、開放、關愛去傾聽孩子的話，而不是只給意見。

此外，一般學生每天在校時間都有七到八個小時，所以學校的教育宣導也是很重要的。讓在校的青少年能有足夠的毒品防治知識，及如何向毒品說不，也是青少年所應該要學習的。

師長與父母應提供青少年正確的藥物資訊，青少年能否拒絕藥物的吸引，端賴其是否有正確的知識，學校亦應提供正確藥物的資訊，讓學生知道使用藥物的長、短期作用及影響，不要使用嚇阻的作法來反毒。

家長應協助孩子戒除吸煙、飲酒或吃檳榔的成癮習慣，因為煙、酒、檳榔等的使用雖無違法，卻易使人上癮，也是藥物、毒品的入門，故避免或延遲學生與煙、酒、檳榔的接觸，可預防其對進一步毒性較強的藥物使用。

戒除毒癮，脫離毒品危害

無法克服誘惑而接觸毒品的人，表示內心不夠堅定，因此，吸毒成癮的人，非常難戒斷。而且戒毒的過程非常痛苦，身體因毒害而使生理反應失調，坐也不是，站也也不是，全身骨頭感覺要散掉、顫抖、汗毛豎立，還包括大、小便失禁、腰酸背痛、打哈欠、流眼淚、痰多哽氣等持續症狀。其狀態何其狼狽，痛苦也非一般人能想像，所以，戒毒者非常需要家人和朋友的支持和鼓勵，否則很容易就半途而廢。

有親人支持的戒毒力量最大

第一次吸毒的人，都會覺得自己能夠掌握自如，想吸就吸，不想吸就可以不吸。直到發現自己的生活，因為吸毒而無法正常運作，只有再次吸食才能解決時，才知道自己已經上癮。

一般而言，大部分成癮者的戒毒動機，來自健康發生問題、生活不正常、沒有錢購買毒品，或是被親情感動時。其中以親情產生戒毒動機的個案最多，因此，如果家人能夠不將吸毒當作是件丟臉的事，放下「面子」，主動尋求多方的戒毒方法，不拖延治療的時間，再加上用心鼓勵、愛心付出，對戒癮者是最大的助力。

為什麼戒毒總是失敗？

吸毒者大多會靠自己的意志力，強制自己拒絕藥物，或是以其他的藥物、酒精來麻痺癮頭，而像是住院治療、依靠宗教力量等也都是常見方式；這些治療方式，或許能達到某一個程度的治療效果，但是仍都限制在某一個層面，反而忽略了最重要的問題，那就是「心癮」。

一般戒毒者解除生理的癮後，認為自己可以正常生活就算是戒了毒，但是一旦遇到困難或是不如意時，他的第一個念頭往往會是想要用藥物來逃避現實；若遇到高興或快樂的事時，又會想找毒品來助興，這種心理依賴，也就是「心癮」的問題，這是每個戒毒者最難通過的關卡，也是每個戒毒者最需要處理的問題。

電影《門徒》是一部探討吸毒者人生經歷的電影。電影在結尾時有一個結論：是「吸毒」可怕？還是「空虛」可怕？吸毒的人之所以會吸毒，通常是因為心靈上的空虛。

戒毒者在戒斷後，空虛感反而會更加嚴重，因為吸毒時每天尋找金錢、毒品，雖然不是一個好的目標，但生活還算有重心，有事可做，一旦戒毒後，不需要到處奔波找錢、買毒品，如果沒有適度的輔導，空虛感會立刻佔滿整個心思，整個人會覺得無所適從，慢慢又走回吸毒的路，淪陷在毒海中。因此，在客觀的數字上，能夠戒毒成功者，寥寥無幾。

戒毒的三個階段

面對毒品危害低齡化的問題，青少年若是毒品成癮，越早斷絕與毒品來往越有利，以下即提供戒除毒品的階段給讀者參考。

1. **生理戒毒：**基本上，藥物濫用成癮者或吸毒病犯於進入戒毒程序後，例如入院或強迫戒治時，將在醫護人員的照護下，進行生理解毒，一般約為期三至十天，可能給予藥物治療、實驗室檢查、放鬆訓練等；此時以減緩患者因停止吸食毒品所帶來的生理不適症狀為主。目前公立醫院精神科全面開辦藥癮治療特別門診，提供吸毒者能自動至醫療院所求治服務的管道；民間提供宗教勒戒的輔導機構則有基督教沐恩之家系統、基督教晨曦會系統等。

2. **心理復健戒治：**生理解毒後將施行心理治療、職能治療等心理復健戒治項目；約為期十五至三十天，除可能給予人格特質檢測等心理測驗外，另施予疾病認識心理治療、團體治療、家屬會談、藥物治療及預備出院後生活安排等衛生教育；此時應多加強患者持續維持戒毒狀態的態度與毅力、增加患者及家屬對藥物濫用身心危害知識的了解、強化患者自我調適及因應技能為主，基本上已透過統合個別心理治療、團體心理治療、家族治療等心理復健措施之提供，使成癮者進行重返校園和社會的準備。

3. **藥物濫用之追蹤：**出院後，多以門診方式進行追蹤輔導或建議轉介至中途之家；家長也應在青少年出院後，定時追蹤戒除毒癮後的情形，避免青少年再度誤入歧途，同時要多給予關懷，協助青少年找到生活重心，如運動、閱讀等，使其感到內心溫暖充實。

對戒毒者，永不輕言放棄

因戒毒太難而想放棄的人很多，甚至連輔導戒毒的人員和戒毒者的親友都難以支持下去，但別忘了，吸毒的人如果戒不掉，就是死路一條。如果「死」是沉淪吸毒的結局，為什麼不在放棄與等死之前，試著改變，給生命得以翻轉的機會，以下是給戒毒者與陪伴戒毒者之家人朋友的提醒，希望能幫助成癮的孩子改變與突破。

1. **承認自己需要被幫助：**有一部電影叫《二十八天》，描寫女主角珊卓布拉克在戒毒中心戒毒，她原是專欄作家，剛進戒毒中心時，不屑戒毒中心一切的活動，包括上課、團體治療、做勞務等，不想戒毒的她甚至讓男友偷帶毒品進去，毒癮發作時，為了幾顆藥丸，她爬牆爬樹，瘋狂到自己都覺得失控。於是她在輔導員面前承認自己靠著意志力不能戒毒，便藉由輔導員的幫助，開始參與戒毒中心的一些活動，也因為有意願，她開始願意靜下心來聽別人的經驗、戒毒中心的課程、打開自己心門和別人分享自己的挫折，於是，她終於可以靜下來，頭腦清晰的思考。換句話說，當孩子有一顆願意改變的心，任何的戒毒方案都能產生一些效果。

2. **給自己一個改變的理由：**想想看，為了毒品肯定吃過不少苦，但回顧這些往事時，青少年應學習向過去道別，願意變得跟以前不一樣，甚至做一些努力。多讓青少年想想所愛的人，也許是朋友或父母。每當遇挫時，總要提醒自己改變的理由，知道為何而戰，朝著目標不斷前進。

3 改變需要付出代價：當孩子願意改變時，總是不免會希望快點戒毒奏效、快點讓家人安心、快點回歸校園、快點重新開始。但冰凍三尺非一日之寒，重建生活也沒有捷徑，國外的研究證明在戒治所或戒毒中心的時間越久，戒毒成功的機會越高，因此，鼓勵孩子耐心戒治，更能確保戒除毒癮後的穩定。

4 善用各種戒毒的資源：家人的鼓勵對戒毒的青少年固然重要，但是家長應了解戒除毒癮並非一朝一夕之事，必須經過長期的努力，因此，家長可積極協助青少年接觸其他的治療團體，使其徹底脫離毒品。過了生理的戒斷之後，需要再進一步尋求心理的調整，藉著家人的支持與關愛或是宗教信仰的力量，讓自己更有內在的控制能力。國內一些治療性的團體如晨曦會、主愛之家、沐恩之家是運用過來人的經驗分享以及藉由信仰的力量，幫助青少年調整心態和價值觀，可以使人在戒毒時，能夠治標又治本。

5 毒品不是唯一的敵人，戒毒先戒心：如果單是戒除毒癮，生理的依賴一般約七到十天就能去除，這時候更要小心，因為毒癮的麻煩是心理依賴，也就是在心煩的時候、無聊的時候、喪氣的時候、高興的時候都可能會有一股想吸毒的感覺。別人也許會引誘青少年，但是很多時候是青少年難以抵擋誘惑，這就是心理問題，也是戒毒時最需要克服的弱點。建議家長能多與青少年聊心事，尤其要以正向的態度，青少年才會有向上的力量。

⑥ **成功經驗的分享：** 近朱者赤，近墨者黑，想戒毒就要與真心想改變的人為伍，彼此打氣，交換成功的經驗，家人可以多讓青少年閱讀相關的成功案例，給他更多信心，相信他也可以脫胎換骨。

⑦ **人性軟弱，不要暴露在險境中：** 人性是非常經不起考驗的，即使已經戒癮成功，身體也沒有任何不舒服，仍然不應靠近任何與毒品有關的情境，包括相關的人和地點。因為過去的生活都跟毒品有關，一旦下定決心重新開始，遠離以前的生活環境是根本的辦法。不再依賴舊的生活習慣、不再讓孩子接觸鼓吹吸毒的朋友。盡量不看、不聽、不經過，用避之唯恐不及的方式遠離那些與毒品有關的人、事、地、物。

教養現場**朵朵小語**

「平凡乘以時間，就是不平凡。」這正好用以說明戒毒階段必須建立的觀念，戒毒能夠成功，的確是一項不平凡的成就，要想締造這項平凡事蹟，所要做的只是平實務本的過一段日子；但說時容易做時難，因此，面對毒品誘惑時，一定要時時提醒自己，保持堅定意志，絕不可掉以輕心。

老師不講理怎麼辦×你才是怪獸家長

老師家長爆衝突，學習建立溝通橋樑

師生和家長就像三國鼎立，必須取得均衡不偏頗；家長應培養親師良好互動，建立溝通管道，同時多了解孩子的想法，彼此體諒，不當怪獸家長。

小杰是媽媽的寶貝兒子，媽媽一直覺得兒子的個性太害羞，怕他遇到事情不懂得反應會吃虧受委屈，所以她總是會當小杰的代言人，幫兒子發表意見，尤其孩子剛升上國中，面對新環境，媽媽更是急著幫他張羅。

「老師，電風扇的扇葉對著我兒子的座位吹，他會覺得很冷，可不可以幫他換位子？」老師將風扇設為旋轉，並調整扇葉，讓風可以均勻吹送；然而到了冬天，天氣變冷，教室也不開風扇了，媽媽又有話要說。

「老師，小杰的座位在窗戶旁，外面的冷風咻地吹進來，我兒子會很容易感冒。」

然而，為了讓教室通風，所以窗戶要保持開啟，老師聽了小杰媽媽的抱怨，只好定時輪流換位子，並讓班上坐在窗戶旁的同學，交替開窗戶，以分散被寒風吹到的頻率。老師曾試著委婉告訴小杰媽媽，盡量讓孩子自行發表意見，以免孩子太過依賴家長，畢竟小杰已經是國中生，應該要有自己的意見和主張，但是，小杰媽媽聽不進去，她認為兒子害羞不敢說，身為媽媽一定要幫孩子爭取權利；因此，她的抱怨一點也沒減少。

「老師，我兒子不喜歡吃辣，營養午餐的菜單有一道麻婆豆腐燴飯可不可以改成別的？」

「身為老師，我不建議讓孩子們挑食，而且這個年紀的孩子處於發育階段，應該多方攝取營養；營養午餐亦是固定菜色，不應要求中央餐廚更改。」老師耐心地回應家長，並希望媽媽不要縱容孩子挑食。

「每個人總是有幾樣不喜歡吃的食物啊！總不能逼迫小孩硬吃吧！」小杰的媽媽不高興地回應。

「當天的菜色還有炒青菜和蘿蔔湯，小杰可以選擇吃其他菜，或是自行準備午餐，但餐廚無法因為他一個人就更換全校的菜色。」老師的態度也變得強硬。

老師堅決的態度讓小杰媽媽知難而退，但是回家後，媽媽怕兒子會被老師逼著吃不喜歡的食物，所以他要兒子帶著手機，並交待他，老師如果逼他吃，他可以拍下影片。

當天，老師和幾位同學幫忙盛飯，再淋上麻婆豆腐，同學們都規矩地排隊等候取餐，有些學生拒絕吃炒青菜，但老師規定大家，如果不喜歡吃可以拿少一點，但至少要吃一些，不要完全不吃，以免營養不均衡。

輪到小杰取餐時，他怯怯地說：「我不想要吃麻婆豆腐。」「老師知道你不喜歡，但是多少吃一點，否則下午上課怎麼會有體力。」老師邊說邊將一小匙麻婆豆腐淋在小杰的飯上。

回座位後，小杰立刻向隔壁的同學要回手機。原來他剛剛請別的同學幫他拍下老師要求他吃麻婆豆腐的影片。

小杰很怕吃辣，所以吃午餐時，看到碗裡的麻婆豆腐燴飯，他本來感覺很厭惡，但心想只有一小口，便勉強吃下肚，一吃才發現，其實麻婆豆腐並沒有他想像中辛辣，他甚至多裝了一些來吃。

放學回家後，媽媽立刻查看小杰手機裡的影片，她看到老師硬是將一匙麻婆豆腐淋在兒子的碗裡，頓時感到很生氣。媽媽沒有細問小杰到底發生什麼事，就二話不說地把影片上傳到網路，還在網路上留言抨擊老師，說老師針對她的孩子，並認定老師討厭她的兒子，才強迫學生吃不喜歡的東西，存心要整兒子等。小杰的媽媽不僅一狀告到校長室，要求學校要給她一個交代，甚至投書媒體，要社會大眾評評理。

小杰看到媽媽的反應如此大，加上平時習慣媽媽事事為他出頭，便不敢多說什麼。老師看了影片之後，則認為自己的好意被家長曲解，現在甚至要面臨社會大眾的放大檢視，社會輿論壓力之大，讓老師一時之間也不知該如何面對家長的攻擊。

親師之間的教養危機

現在的校園環境，老師以言語侮辱和體罰孩子已經成為特例，因為不當管教不僅會引起軒然大波，還會引發媒體追逐報導。然而，老師體罰學生，是看得見的危機，但更大的負面影響在於，很多教師因此變得退縮、冷漠，不再負起管教責任，面對家長更是逃避、走為上策。換句話說，老師的士氣低迷、不再熱情，以消極的態度管教，是教育更大、更急迫的危機！

為師千萬難，親師共同培養高EQ

小杰的媽媽明顯對孩子保護過度，因不甘孩子受委曲，所以凡事都要為孩子出頭，甚至與老師槓上。其實，無論大人或小孩，都需要做好情緒管理，並且釐清事件的真相，而真相並非只聽單方面的意見，家長的心情需要被體諒；孩子的聲音也不可忽略；老師的一言一行更不該被放大檢閱，以免在教育上用心良苦卻被抹滅。

故事中，只看到師長和家長的互動，卻鮮少有三方交流，結果造成家長未審先判的情形；親師各執一詞時，應該先問問孩子的感覺是什麼？大人不應代替孩子表達，以免孩子感到處境為難或是會錯意。

不可否認老師的確有很多種類型，有些老師的情緒管理能力不佳，對待學生的方式會比較直接；有些老師性情溫和，對學生比較有耐心，然而無論遇到哪一類型的老師，家長都可以依照以下的原則，與師長建立溝通橋樑，協助孩子健全成長：

1. **無懼溝通**：某些家長自認是弱勢，擔心孩子在老師的班級若沒有拿捏好溝通的分寸，怕老師難堪而為難孩子；有的家長則是自認倒楣或不處理。無論是害怕權威或挑戰權威的父母，都會影響親師之間的關係。家長若不敢、不想或不願溝通，而使問題一直存在，甚至衍生猜忌誤會，就不能幫助孩子培養責任感。家長應主動與老師溝通，只要善用溝通技巧，問題往往可以解決。

2. **溝通技巧的培養**：溝通之前，要多方了解狀況，不單從孩子的角度，試著多找幾位家長，從其他家長和孩子的反應，蒐集資訊；過程也要謹慎處理，尚未弄清事件真相時，避免把沒有求證的想法告訴不相關的人，甚至四處散播，以免造成混亂。有時親師意見相左，是來自孩子的描述，家長認定孩子不會說謊，但孩子多少會保護自己，故其描述也未必真實完整，反而使誤會不斷堆疊，引發家長過度反應，加深誤解。

3. **放下刻板印象和成見**：家長不要認定老師就是不喜歡自己的小孩，或是認為「自己都是對的！」、「老師一定不對！」太多預設立場，或對老師存有偏見，都無法找出問題癥結，也會讓溝通失效。家長要相信「雙方都是為了幫助孩子」，才能使溝通順暢無礙。

4. **先處理自己的情緒**：家長要面臨的一大挑戰是，若老師真的有管教失當的情形，家長通常會對老師的行為感到非常情緒化，而表現出憤怒受傷的反應。請家長先冷靜自己的情緒，再處理孩子的事情，不能理智冷靜地判斷之前，寧可暫緩事件，也不宜因情緒失控而模糊事件焦點，鬧得不歡而散。家長若屬於容易激動的個性，不妨找其他較為冷靜的家長陪同或居中協調，就事論事、理性解決。

5 解決問題為優先：一般來說，家長解決親師糾紛的目的應在於「改變老師的行為」，而不是「除掉這個老師」。為達到目的，家長要把握「解決問題」的原則，先清楚自己的立場和價值觀，知道自己堅持的是什麼、可以讓步到什麼程度、又希望老師給予什麼樣的回應；家長的反應，關乎對孩子的教育態度，因此不該情緒化地意氣用事。和老師初步溝通後，若得不到正向回應，發現老師情緒不佳或不願溝通時，家長可以表示：「我們是否要另找時間討論，還是請學校的主任來處理？」為避免家長和學校交涉挫敗，父母最好尋求其他家長的支持，以免讓孩子單獨承受壓力。若知會校方仍得不到預期回應時，可能就必須尋求外力或民間機構的支持。

6 從老師的角度觀看事件：當家長願意從老師的觀點看事情，就可以避免只聽孩子的片面之詞，也能藉此訓練自己的同理心，減少老師的過度反應。老師情緒激動時，若不方便直接談論敏感問題，至少先透過對話，跟老師建立關係，了解老師的個性。家長可以這麼說：「我觀察到孩子最近開始有點排斥上學，不知道老師對這件事的了解情況……」、「老師會這樣處理，一定有老師的道理，不知道老師當時看到的狀況，和老師處理這件事情的看法是什麼？」

7 打破僵局：如果雙方已心存芥蒂，試著從對方同意的觀點切入，較能打破僵局。比方說：「老師，我也和你一樣擔心孩子的狀況。」或「謝謝老師讓我知道這件事。」如果老師還在為孩子犯的錯，而處於生氣的情緒中，家長盡量表達自己的態度跟老師一樣，並把焦點帶回「解決問題」的原則上，繼續溝通。

理解孩子想法，客觀處理問題

許多家長都和故事中的小杰媽媽一樣，捨不得孩子受委屈，因此搶著為孩子出頭，或是在事情還沒弄清楚之前，就先下手為強地急著處理。曾有高中生在政大推甄面試時遲到一個多小時，因此失去應考資格，不但不知反省，家長竟大鬧面試現場；還有學生讀到大學，當了班級幹部卻不會訂購全班教科書，甚至問能否由老師自己訂購，在課堂上發給學生。這些現象並非偶然，家長若不放手讓孩子獨立學習處理問題，過度保護只會造成下一代不懂如何對自己負責。

父母要當啦啦隊，別當哆啦A夢

「媽寶」現象是否讓身為母親的你倍感焦慮？幫兒子削去蘋果的外皮，會不會做太多了？盯國中的兒子每天唸十五分鐘的英文時，也擔心自己「管太多、取代了他主動學習的動機？」所有的父母都愛自己的小孩，都不願意有一天自己的愛居然成為孩子成長的阻礙。因此家長們要為孩子準備的，並不是學無止境的知識和能力，也不是幫忙剷除前面所有的障礙和陷阱，而是讓他們有不怕困難，總是覺得「我可以」、「我做得到」的態度。

對孩子好的時候，也要想想，是否有給孩子親身體驗、嘗試和反應的機會，陪孩子檢視難題、適時鼓勵，了解孩子想法後，再客觀分析問題，或是補充孩子忽略的部分，讓他有自行思考解決的能力，而不是跳出來幫他做決定，甚至代入自己的主觀認定，才能建立親子間健康又互信的親密依附關係。

這樣的關係會讓孩子在面對挑戰時，知道凡事要靠自己，了解父母是最好的啦啦隊；而不是每當孩子踢到鐵板時，就成為有求必應的哆啦A夢父母。

教養現場朵朵小語

提醒為人父母者應該給孩子多一點空間，養成孩子自主、獨立的思考力和行動力，避免過度保護而養出「媽寶」。並且保持親師之間的良好溝通，客觀看待問題，才能協助孩子脫離溫室，不落入愛的教養陷阱中。

孩子口無遮攔怎麼管 × 說髒話只是情緒的發洩

粗口講不停，戒掉孩子出口成髒

孩子情緒爲何那麼不穩定？一生氣就大罵三字經？青少年火氣一來，什麼話都說得出口；父母究竟該如何介入、管教，才不會傷害彼此關係呢？

小琦是國中二年級的學生，她的個性熱心仗義，非常積極參與班上和校內活動，無論是規劃班遊、全校性質的競賽，她都不遺餘力地投入。

某一天，她氣呼呼地回到家，書包甩在沙發上，兩手插在胸前，臉色很難看，媽媽見了便忍不住問她怎麼回事？

「還不是班上同學太靠北！每次票選全班旅遊要去哪裡，都沒人發表意見，然後我提了幾個地方，又都被否決，但這時候他們也不肯提出建議，最後常常不了了之，真是煩死了啦！」小琦一股腦兒地說出來。

媽媽聽到小琦將髒話說得那麼順口，不禁感到震驚，當她想勸阻女兒不該用這麼不雅的言詞時，小琦又接著罵：「真的超靠北啦！全班要在校慶之前製作班服，我之前老早就叫同學來我這邊登記尺寸，但總是有幾個人遲遲不來，害我無法統計，到時候來不及製作班服，大家一定會怪到我頭上來！」

「妳講歸講，為什麼一定要帶髒話呢？一個女孩子家，把髒話掛在嘴邊，多難聽啊！」媽媽對正在氣頭上的小琦說教，無疑讓小琦更加氣憤。

「我現在在跟妳說同學的事情，妳管我講髒話幹嘛？而且『靠北』根本是大家都在講，這又沒什麼！」

「但是媽媽聽起來很刺耳啊！難道妳在外面跟同學和老師講話也都會帶髒話嗎？」

「跟同學當然會啊！老師就要看情況，有些老師可以接受，有些比較嚴肅的老師，大家就不敢亂說，但是男生通常講得更誇張，每天都『幹』聲連連。」

「妳用髒話罵同學，他們都不會生氣嗎？」

「我哪有用髒話罵他們，那只是語助詞，他們分得出什麼是罵、什麼是開玩笑的好嗎？妳不要大驚小怪。」

聽了小琦的話，媽媽更加擔心，因為女兒不只在生氣的情況下會講髒話，就連平常和朋友聊天也會帶髒字，她怕女兒交到壞朋友，但小琦卻回答媽媽說：「全班幾乎都會講髒話啊！因為這是我們率直、真性情的表現，更是一種宣洩情緒的用語！」媽媽聽了，簡直氣得快要抓狂，認為小琦的說法實在是太荒唐了！

不僅如此，小琦還讓媽媽看網路上最近突然出現的「匿名發洩」臉書專頁，例如靠北男友、靠北女友、靠北交大、靠北部落客等，這些專頁提供網友一個「宣洩情緒」的空間，由於完全匿名，內容也相當辛辣，這一代的青少年不僅在情緒失控時罵髒話，更讓髒話成為一種戲謔的生活態度。

小琦還不諱言：「連我參加的管樂社團都開了一個『靠北管樂』的網路專頁，這個專頁能讓我們這些管樂社的社員或學長姐，在上面抱怨團練老師，或講一些學弟妹的壞話；而且不是我們愛亂罵，是老師有時候真的太智障，不管大家程度高低，就要我們練習一些超級難的樂譜；或者是比賽將至，很多學弟妹該來練習的時間不來，彷彿一點都不擔心似的……這些人真是不罵不行！」

雖然這類專頁的留言和文章充斥著不雅用詞，但卻吸引眾多網友觀看、推薦，按讚率甚至大幅升高，成為流行的發文方式。對此，小琦的媽媽很是擔心，並且對於小琦飆罵髒話的習慣，卻又不知該如何導正與應對……

不批判情緒，只提供協助

小琦出口成「髒」的問題，可以從兩個層次來剖析：一是外顯行為，二是內在情緒和動機。

一般而言，行為是症候，情緒才是病灶；一旦病灶根除，行為問題自然就會緩解消失。而罵髒話的確是令許多父母十分頭痛的行為，但深究背後的情緒困擾，多半可以看出端倪、找到根源。

輕鬆看待罵髒話，不必過度反應

孩子的情緒容易被某些事激發，而故事中的小琦即因同學不配合，便用髒話表達既直接又強烈的不滿情緒；而孩子會出現這樣的激烈情緒，可能來自以下原因：

1. **發展特徵**：青春期是從依賴邁向到獨立的過渡階段，也是我們一生中，成長衝刺最快的時期。生理和自我意識的急遽變化，可能使青少年情緒放大，以致於和父母大小衝突不斷。但只要家長能了解、接納孩子的情緒反應，加上合理管教，孩子稍長後，情況就會改善。

2. **個人特質**：如果孩子的情緒特質本來就屬頻率高、反應強的類型，到了青春期也許就會變成加強版，反應將更火爆，最後調整起來會更費時。但如果青春期還不加以管教，以後要改過會更難，最後演變成「江山易改，本性難移」，父母將更加頭痛。

3. **壓力反應**：長期強大的壓力，有時候會導致飆高的情緒反應。例如國三、高三，升學壓力大；或和老師不合、陷入愛情困擾等。另外，突發性的重大壓力事件也可能導致青少年情緒狂飆，和家裡的關係出現裂縫。譬如被嚴重霸凌的青少年，承受莫大心理和身體上的威脅，在不敢告訴父母又不知道該如何處理的情況下，負面情緒很可能來勢洶洶，甚至遷怒到家人身上。如果一向開朗溫馴的孩子突然變得暴躁、叛逆，父母大可懷疑，孩子可能碰到不得抒解的重大壓力事件，這是孩子的求救訊號，父母必須多加留意與關心。

家長可多觀察孩子情緒狂飆的現象，通常他們的壞心情來得快、去得也快，頂多過一下子或到第二天，心情就會比較平靜，說話也就不帶髒字了。

髒話多半是指「卑劣粗俗、不堪入耳，用來罵人的話語」；簡單來說，髒話的特徵是內容不雅和具有羞辱別人的意思。

不管是哪一國的文化，髒話多半隱含強烈的性別歧視，而這也牽涉到價值觀、品格修養，父母必須引導孩子了解，並教導他們尊重別人的態度。此外，像有一些未牽涉到性別歧視的話語，其實與時代的開放性有很大關係。例如現在的孩子動不動就說「屁啦」、「好屌」，其實是深受時代背景和流行文化的影響。

儘管父母聽得坐立難安，孩子卻無動於衷，因為這屬於個人的主觀評價，親子間有很多認知上的差異，也導致父母與孩子容易形成各說各話的紛爭。如果孩子沒有羞辱別人的意思，父母也願意認可孩子在合理範圍內的差異性，許多衝突就能大事化小、小事化無。

為何總是出口成「髒」？

隨著時代的變化，青少年溝通模式和以往大不相同，其主要以髒話為主，青少年透過髒話，往往能讓情感更「具體化地」表達給他人，因而產生髒話在青少年間的一種流行，甚至是次文化。

除此之外，青少年為了滿足生理與心理的需要，發展出一套適合自己生活的獨特文化，其包含了生活型態、價值觀念、行為模式及心理特徵等等。而造成罵髒話所牽涉到的領域，則包括個人因素、成長背景、學習環境、社會因素等，以現在高職生罵髒話的習慣來說，環境影響力頗為深遠；雖然說髒話是個不好的行為，但對於現在的青少年而言，卻成了日常用語，也成了青少年所謂的次文化。且青少年認為，罵髒話不僅是問候語、還能讓彼此感覺更親近。以下即歸納出孩子會說髒話的四個原因：

1 爭取認同：由於大家都這樣說，所以孩子為了要獲得同儕認同，當然就跟著「流行文化」走。若孩子說髒話沒有惡意，建議父母要先能接納、認可他的回應，並適時讓孩子自行調整。此外，就是設定界限，設定界限不是「父母身分」的關係，而是「行為準則」的道德問題，孩子對別人本來就要有基本的尊重。即使家長要插手管教，管的也應是規範，而且規範必須是符合人性，當父母要求孩子尊重別人之前，對孩子也必須一樣尊重。例如故事中的小琦媽媽可以對孩子說：「對很多人來說，髒話聽了真的很不舒服；不是絕對不能講，而是要考慮對方的感受。」如果孩子有尊重你，在重要場合或其他長輩面前表現出合宜分際，那你要明白他其實已經盡量克制了；請牢記習慣有時候就會冒出來，所以偶爾飆口出來，不要那麼在意，父母的心態可以放鬆一點，不必過度介懷。

2 引人注意：有的青少年會用這種方式來獲取關注，仔細思量，為什麼孩子非得搞到這樣來引起你的注意呢？這很有可能是平常他沒獲得足夠的關心。當孩子表現出一副「看我多屌、我就敢這樣講」時，請採取「忽略」方針。你愈注意他，就愈強化他的負面行為；只要針對良性反應給予注意和肯定，孩子就會慢慢加強其正確行為，事實上，這樣的孩子是需要更多的自尊和自信的。

3 反抗權威：當孩子的用意就是要惹你生氣，父母最好不要回擊，堅定地退出衝突，重新調整親子角色關係，讓孩子有多一點彈性空間，才能解決問題。

4 表達憤怒：飆髒話，可能是在表達強烈的情緒，尤其是憤怒；也代表孩子的情緒管理欠佳，抒解管道不暢通。如果孩子在學校不會，在家才會；白天不會，晚上很緊繃才會，就是壓力下的情緒反應。家長需要關切跟理解他的情緒困擾，幫助他發展多元的抒壓方法，而罵髒話的問題，父母最好先冷處理，因為病灶解決了，症狀就會過去。

這樣處理髒話行為不抓狂

父母為什麼一聽髒話就抓狂，乃是因為它引發了我們的情緒，侵犯我們內在的信念，使得我們有被羞辱的感覺，所以不舒服、不自在。

小時候被嚴苛管教的父母，對孩子講髒話的反應更強烈，而愈憤怒的父母，教養就愈難理性。青春期的管教有很多原則，但都得在情緒稍微緩和的狀態下，才能靜心思考，確實去做。當情緒上來時，所有的管教方法統統不適用。你必須先面對和處理自己的情緒，才能好整以暇的處理親子衝突。

要處理青少年的狀況，父母得先想「這麼做會如何？這是我要的結果嗎？」如果一時之間找不到好方法，家長可先抽離，把問題「打包」。只要問題沒有嚴重到非當天解決不可，建議親子適時鳴金收兵，你可以告訴孩子：「這個問題已經談很久了，我們先擱置，各自想想、明天再談，也許可以找到雙方都滿意的答案。」

此外，青少年有時較衝動，父母和孩子討論罵髒話的行為時，應謹守「五不」原則：

1 不要任性而為：無論多不高興，都不要任性和孩子賭氣爭輸贏，要設法保持開放的溝通態度。像「你可以耍性子，我就不行嗎？」這樣的話，對於解決孩子的情緒困擾或親子衝突都沒有助益。至於自己情緒如何抒解？請另尋出路，找配偶、朋友談一談吧！

2 不要倚老賣老：可以分享經驗，但不要說：「我以前也像你一樣呀！但我都如何如何，最後還不是克服了。」青少年碰到困擾時，最討厭父母提當年勇了。

3 不要直搗黃龍：跟青少年談問題，要抱持開放態度，但不要直接衝著孩子來。例如：對熱戀中的孩子說：「你的男朋友品行不佳」、「我不喜歡你和那個女生交往」等。從普遍性的問題，或別人的情況談起，孩子通常比較能接受。

4 不要標準答案：青少年很在意面子，最討厭「父母都是對的，我都是錯的，我就是長不大」的感覺。顧全青少年的面子，接受合理範圍內的其他可能，問題就好解決多了。換言之，父母如果能先放下「標準答案」，以「我們一起來想想怎麼做比較好」的態度來談，效果就會好很多。

5 不要見死不救：當孩子看來困擾不小，但你覺得談來談去都找不到頭緒，或實在不知如何是好時，就問問孩子：「我可以為你做什麼？」很誠懇地讓孩子知道爸媽心疼自己，很想一起面對問題。親子肩並肩地共同度過敏感青春期，讓孩子覺得你跟他站在同一陣線，這時孩子有困擾，就比較願意跟你說。

髒話文化已經在我們生活周遭存在很長一段時間，雖然被視為低俗不雅的語言，但對於青少年來說，罵髒話已不只是用來侮辱他人，還有增強說話氣勢的謬思，因此當他想要強調語氣的時候會使用髒話來當語助詞，甚至和比較熟的朋友交談時會將髒話視為問候語來使用，像是「靠，你在幹嘛？」似乎會讓彼此感覺更靠近，而「幹！吃飽了沒」似乎在告訴對方「嗨！吃飽了沒」。因此，父母在處理孩子飆髒話的行為時，別急著責備或動怒，可利用以下原則，處理孩子突如其來的髒話。

1 了解：了解孩子說髒話背後的心理機制、情緒困擾，父母的情緒就不易被挑起。

2 接納：接納孩子對課業、人際以及其他壓力事件的情緒感受。

3 規範：為自己和孩子設立行為界限，學習在必要時打包情緒。

4 引導：透過討論，幫他擴展思考的角度、跳脫自己的觀點。

5 **欣賞：**看到孩子跟你的不同，體驗正向、擴大、開放的人生態度。

客製化親子間的談話方式

孩子把粗話、髒話當口頭禪，家長愈要禁，他愈要講。怎樣才能「淨化」孩子的嘴呢？「幹！我是國寶耶！」、「意義是三小，我只知道義氣！」賣座電影中俚俗的用語生動傳達了小人物的喜怒哀樂，父母不免擔心孩子受其影響，其實，父母和長輩的反應會決定孩子的說話習慣，因此家長與孩子談話時，語氣和溝通方式無須刻意太過禮貌或客套，以免產生疏離感，父母不妨利用以下方式，營造親子間的談話氣氛，就能減少孩子不當用語的產生。

1 **不隨情緒起舞：**當孩子剛開始說髒話時，大人的反應決定了孩子會不會養成說髒話的習慣。如果孩子發現髒話總是能引人注意或激怒別人，等於得到「鼓勵」，於是愈講愈多、愈講愈難聽。聽到孩子口出穢言，最好的辦法就是保持鎮定，問孩子：「你怎麼了？」然後保持沉默、離開現場。這樣問是在提醒孩子覺察自己的情緒，讓他有機會意識到不該這樣講。如果父母生氣、責罵，甚至也用粗話、髒話罵孩子，只是流於意氣之爭，反而模糊了焦點。也不要說：「你再給我說一次！」以免激化衝突，甚至有些孩子情緒被激上來，還會演變成毆打父母的另類家暴。

2 **同理髒話背後的情緒：**孩子說髒話其實有一部分是在表達生氣、不舒服等情緒，父母要去了解孩子在傳達什麼訊息。聽到孩子冒出不雅的話，可以體諒他：「你現在是不是心情很差？不然不會說那麼特別的字。」對於青少年講髒話的習慣，甚至可以試著說：「謝謝你用這樣的方式讓我知道你情緒上的困擾。」這樣的同理很重要，因為當孩子的情緒被接受，大人才有機會提醒他：「你心情不好的時候，要不要考慮用別的言語表達？如果你講這些不好聽的話，別人聽了也不舒服，可能會起衝突。」每個人都會犯錯，但家不是講法、理的地方，而該講「情」，家人間互相諒解、包容、協助，才能創造良性的互動、溫柔且溫暖的關係。

3 教孩子學習表達感受：講髒話其實反映了溝通能力不足的現象，因為不知道如何表達感受，所以用簡單有力的髒話最快。因此父母可以進一步跟孩子討論怎樣用平和、具體的方式表達情緒。比如被人誤會時，可以說：「你誤會我了，我覺得很難過。我能不能有機會澄清？」先讓別人接受自己的態度，才有機會接受自己的陳述。

4 分清楚孩子跟誰說髒話：如果孩子只跟同儕講髒話，那麼可以視為青少年發展階段的暫時現象，過了這個階段就好了，不用太擔心；但如果孩子已經養成習慣，不分對象、場合都口無遮攔，就需特別注意。

5 設界線，在家不講，尊重家人：父母應設定說髒話的界線，提醒孩子回家別講髒話，告訴孩子這些話聽了不舒服，讓他們學習自我節制、尊重他人。青少年常講的「屁啦」、「超屌」，若家長聽不習慣，可以委婉地提醒孩子：「我跟爸爸聽了都不舒服，請你盡量不要在我們面前這樣講。」也提醒女兒不可這麼跟老師說話。但干涉不宜過度，如果要求孩子在學校、朋友間也不能講髒話，孩子可能隨口敷衍，其實照講不誤，變成無效管教，這只是在消耗親子間的情感。

6 **引導孩子思考：**很多孩子會說：「同學都在講，為什麼我不能講？」建議爸媽可以引導孩子思考：「別人這樣講，你就一定要跟他們一樣嗎？學這些話對自己有好處嗎？有沒有更好的表達方式？」並強調，這並不是要孩子排斥講髒話的同學、不跟他們往來，而是學習判斷是非，同學的優點當然可以學，但不需連缺點也照單全收。尊重別人跟我們不同，但也要有自主的選擇。

7 **讓孩子嘗嘗被罵的滋味：**除了理性溝通，若孩子說髒話的程度太超過，可試著在孩子講髒話時錄音，並讓孩子反覆聽十幾分鐘，感受被罵的感覺。因為說話的人往往不知道聽話的人的感受，聽自己罵的髒話等於讓孩子自己罵自己，他才知道這些話有多難聽、多傷人。

8 **用其他用語取代髒話：**教孩子一些替代用語，比如「你很の耶」，既不會造成傷害，又能表達情緒。孩子其實在和同儕聊天之間，會發展出各種戲謔、嘲諷和俏皮的語言，若為無傷大雅的用語，又可以代替髒話，父母不妨也幽默看待。

說話的藝術人人該學

大人除了要孩子少講、不講髒話，更積極的做法是親身示範「說話的藝術」，但遺憾的是，很多人不但不懂說話的藝術，連基本禮貌都沒有。

專家發現，很多大人對孩子講話時，語氣粗暴，如「你給我站好」甚至「你算什麼東西」，更不用提社會上許多人講話不理性、充斥著語言暴力，這些行為正是給孩子最壞的示範。

因此，說話的藝術應該從家庭做起，家人間用文明、理性、友善的方式說話，「請、謝謝、對不起」應該是基本用語，營造充滿善意的磁場。畢竟講話無禮的父母很難教出談吐合宜的孩子。

切記，疾言厲色是最糟糕的教育方式，想讓孩子欣然接受，自己要先展現友善的態度，因為教育無他，唯愛與示範而已！

教養現場朵朵小語

雖然家長想改掉孩子講髒話的習慣，但真正能戒掉髒話的人不多，即使是成人也不例外。不妨換個角度思考，對罵髒話的人來說，髒話雖然有短暫宣洩情緒的功效，但卻無法真正抒發負面情緒，唯有提供孩子排解不良情緒的管道，才是親子可以努力的部分，例如鼓勵孩子多和朋友聊天、去KTV唱歌、或者出外散心等，都能幫助青少年排除心中鬱悶。

如何制止孩子的暴力行為×是對方先挑釁的

孩子暴力愛動手，連爸媽也不放過

血氣方剛的青少年容易因口角而起衝突，甚至造成鬥毆或暴力事件的發生，家長對於孩子的失控行爲必須加以關注，避免暴力入侵校園。

永誠是某所北部國中的學生，在他的學校裡除了一般的升學班之外，也有體育班，而體育班的學長姐們不僅要兼顧課業，還要花很多時間訓練各種體育項目。

某一次，北市各校聯合舉辦了籃球賽，全校都看好體育班的學生可以順利獲獎，拿著獎盃和獎牌風光返校，不料，在初賽的時候，體育班就不幸落敗，沒有機會進入複賽，更別說獎盃和獎牌了，學長姐們落敗回到學校，每個人的臉上都難掩失落神情。

由於一般人對體育班學生的印象就是頭腦簡單、四肢發達，如今他們喪失為校爭光的機會，比其他學生更加落寞，但他們自認在賽前已有充分訓練，大家更為了參賽而留校苦練，到了球場上，技不如人，也無話可說。然而，體育班的學長們經過永誠班級時，碰巧聽到永誠說：「聽說體育班的學長打輸了籃球，才初賽就被刷下來，看來我們學校的體育班也不怎麼樣嘛！」

學長聽到國一的學弟大言不慚地批評體育班，加上輸球的情緒不佳，忍不住在班級門口，對著永誠大吼：「那個誰！你給我出來！」

永誠一看，體育班的學長和學姐正面色凝重且怒氣沖沖地站在班級門口等他出去，知道是自己剛剛的言論激怒了他們，他不敢再多說一句話，立馬出去想要向學長和學姐道歉。

「你剛剛講那什麼屁話！你說我們體育班不怎麼樣，聽起來你很厲害喔！那不然你去比賽啊！」學長一看到永誠從班級走出來，立刻對著他破口大罵。

旁邊的學姐和體育班的學生也紛紛恐嚇威脅，甚至在一旁挑釁，要學長狠狠打永誠。

「我……我不是故意的……」永誠嚇得講話開始結巴。

學長不由分說地朝永誠的臉頰狠狠打了一拳，永誠的眼鏡頓時飛出去，整個人也因站不穩而跌倒在地上，當時是下課時間，班上的同學和隔壁班的學生都看到永誠被打趴，永誠吃力地從地上站起來，整個人縮成一團，不敢吭聲。

「你說你是不是欠揍，在背地裡說別人很容易，真的上了球場我看你還敢不敢大聲！」學長繼續對著受傷的永誠咆嘯。

過沒多久，有人去向老師報告，體育班的學生和永誠都被帶到訓導處問話，訓導主任也通知了雙方的家長；學長的父母一到，立刻指著打人的兒子責罵，孩子不禁不聽勸，還推了媽媽一把。

雙方家長都對粗暴動手的孩子感到非常震驚，也知道對這樣的暴力行為不能姑息和助長，但卻不知該如何勸解孩子衝動的性格，避免下次再度發生類似的暴力事件！

讓孩子體認打架不能解決問題

故事中，體育班的學長因聽到永誠的批評，一時怒火上來，再加上旁人火上加油，導致學長動手打人，甚至學長還因父母不分原由地責罵，最後便對父母動粗，其實以上種種導火線，皆源自於學長年輕氣盛再加上沒有得到理解所致。

青春期階段本是許多孩子愛出風頭、表現自己的時候。有些青少年喜歡藉由一般人不常出現的行為來突顯自己，例如：飆車、抽菸喝酒、刺青等等。再加上青少年往往個性衝動，容易因為一點小爭議就沉不住氣，從小爭議轉變成大爭吵，進而引發肢體衝突、對峙，甚至仇恨相對，當同儕又從旁叫囂、挑釁時，還可能演變成打群架的狀況，嚴重的話，將危及自己或他人的生命，鑄成大錯，父母須特別留心。

何謂校園暴力？

學校是學習的地方，應該是安全而寧靜的場所。但近幾年來，每日翻開報紙社會版，怵目驚心的是學生潛入校園縱火、持刀砍殺同學，甚至持械攻擊老師的新聞，可見校園安全已亮起紅燈。

校園暴力是指師生之間及學生同儕之間的衝突爭吵等行為。若從廣義而言，應是指發生於校園之內的所有暴力行為，依施暴對象分為：

1. **學生對學生**：這是校園中最常見的，因學生的年齡、性格及家庭背景都不一樣，因此強欺弱、大欺小的現象相當常見。
2. **學生對老師**：這一型態在國中及高中較常出現，原因是此時的學生處於狂飆期，情緒較不穩定且因年齡較大，體格較壯碩，受到社會不良習氣的影響也較深，因而容易出現對老師施暴的狀況。在萬華國中就曾發生過一位公民女老師因制止學生於課堂時的擾亂而導致學生以暴力反擊。
3. **老師對學生**：老師對學生的暴力行為，是早期校園中頻率出現最高的型態，發生於國中與國小機會較多。
4. **家長對學生**：這一型態多起因於學生間的衝突，導致家長的介入，對自己或他人的孩子施暴。
5. **家長對老師**：家長不滿老師的管教方式，到學校理論，甚至拳打腳踢。
6. **校外人士對學生或老師**：由於校園開放或管教鬆弛，校外人士或幫派滲入校園向學生及老師施暴。

從以上施暴情形來看，發生最多者集中在學生間的暴力行為，所以校園暴力亦狹義的專指學生對學生的暴行。至於其型態則並不一定局限在身體或物質上的傷害，舉凡口語恐嚇、辱罵、被強迫做自己不喜歡的事、身體被故意侵犯、被陷害、強借物品乃至毆打、恐嚇、勒索等均包含在內。

青少年打架的心理或動機

經由相關資料之分析與探討，國內青少年打架的心理或動機，大致可分成下列幾項：

1. **自我中心**：每個人都喜歡當強者，討厭被別人壓制，但有時候良善的溝通或適時的忍耐或退讓，有助於人與人相處的和諧。但是有些人缺乏引導，總是抱著「唯我獨尊」的想法，只要與他人產生爭執，只想站上方，而教養不足的青少年還會氣勢凌人，或是惡言相向，引發對方的反感，一旦超越臨界點時，肢體衝突便隨之而來。

2. **受同儕的慫恿**：正在爭吵的人，如果第三者冷靜溫和的勸導，其實往往可以降低衝突，但萬一身邊朋友做了不當的慫恿，比如：「扁他啊！」「怕他幹什麼？」諸如此類的挑釁話語，往往容易激化衝突，事情或許就一發不可收拾了。

3. **表現強者之姿**：由於臺灣連續劇不斷大量的出現逞凶鬥狠的情節，誇大人際對決的暴力風格，這些脫離正面思緒的連續劇又非常風行，影響當前國、高中生的價值判斷，這類劇情看多了，要是沒有獲得正確的引導，很多孩子就會真的以為逞凶鬥狠很帥、很拉風、很有男子氣概，甚至還加入黑道組織，或是自己組個小幫派，打群架時就找來一大堆「兄弟」，無非是滿足自己帶一票小弟，打得別人抱頭鼠竄的英雄意識，讓自己有「大哥」的感覺。

4 遷怒：情緒管理是青少年待學習的一環，情緒管理失當，處事便容易失控。例如當心情很糟時，別人撞你一下，有些人就會覺得全世界都在跟他唱反調，然後就怒氣湧現，管他三七二十一，先打再說，進一步的糾纏就難免了。

5 意氣用事：青春期是人生的叛逆期，理性的思考能力較薄弱，師長、父母、校規、法令等具有限制性質的約束，通常都不願遵守，忽略合宜行為的利己性，導致不當後果的產生。

6 惡質社會汙染：目前有些不良幫派組織，利用青少年的無知，煽惑加入幫派，為犯罪集團的成人們謀得不當利益。初時略施小惠，以假象的義氣吸引他們，青少年的智慧與判斷力如果不足，有時即使不是自身的衝突，也會受到他人的指使、召喚，介入打架事件。

防制暴力入侵校園和家庭

學生應盡的本分，就是要遵守校規，分辨是非，學習情緒管理；而父母除了自己的身教外，也要注意孩子人際互動、價值觀念的教育，老師更要有適當的引導與溝通，以及中肯的教育方式，才會獲得學生的共鳴。以下就家庭、校園和社會層面，提供防制建議，藉此得以有效制止打架行為：

1 家庭層面：加強對孩子的正確教育觀念，適當的約束或管制，以免造成不良影響，盡量避免讓年紀較小的小孩觀看暴力成分太多的影片或節目。

2. **校園層面：**建立適當的教育方法以及教育內容，並不讓背景複雜的人隨便進出校園；此外，強化青少年人際處理能力，維繫良好人際關係，由於多數從事暴力攻擊行為的青少年，其人格特質趨於衝動、偏激、焦慮等特性，甚至有些青少年還有錯誤不合邏輯的人生價值觀，往往在偶發事故之下未能妥善處理，對環境適應不良，而造成暴力行為之發生。故學校應多宣導和平相處，適時忍耐的重要性，並定期舉行相關的演講活動為佳。

3. **社會層面：**大眾傳播媒體應盡量提升素質，避免出現社會暴戾成分太多的節目；執法要確實，糾正打架，飆車等不當行為；禁止青少年進出不正當之場所。

青少年的偏差行為並不是一夕之間可以導正，必須要有耐心、適當的教育，慢慢引導青少年走向正確的道路，除了自己本身，父母、老師、同學也都扮演著非常重要的角色。

教養現場朵朵小語

本文針對打架者所做的各方面探討，主要是讓大家具有相關概念以及防制常識，保護自己之外，也關心身心失去平衡的人，並給予機會，透過教育亡羊補牢，使得經常滋事打架的青少年，能夠深刻反思、改正自己的作為，如孔子所說「知過能改，善莫大焉」。

看到孩子被欺負我好痛心 × 我不想上學了

小心校園霸凌，別讓孩子留下委屈的眼淚

恃強凌弱不只是霸凌者的問題，反霸凌也應從整體環境、全體師生和家庭做起，讓孩子不再當弱者，也不是班上同學的眼中釘。

小文個性文靜，但卻有注意力缺失的情形。她上課經常發呆、分心，寫字速度極慢，無法專心在一件事情上，所以功課經常寫到半夜，成績永遠是從後面數一數二，也因此小文感到很自卑。

由於專注力不夠，導致學習效果不佳，即便像是最簡單地到超市購物、找零錢等，爸媽也是要一而再再而三地耐心教導，才能讓反應遲鈍的小文，在幾經重複犯錯的情形下學會，也因為小文這樣的個性，使得她在學校成為被同學們霸凌的對象。

當時，就讀國一的小文經常丟三落四，不是立可白、自動筆不見，就是原子筆掉了幾支，爸媽原以為是小文性格迷糊使然，所以只有不斷的提醒，最後甚至還請老師協助小文留意文具的攜帶，絲毫沒有發現女兒的異狀。

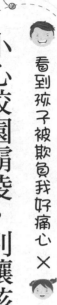

結果，老師這才因此發現，小文並非迷糊，而是班上有幾個同學認為小文好欺負，所以經常拿走她的文具，甚至威脅她不准向老師告密，否則不只排擠她，還要她好看！

由於小文在發呆時，嘴巴會不自覺的放鬆張開，有時候甚至還會流口水，同學們都覺得她這樣看起來很蠢、很噁心，所以常嘲笑她是傻瓜或笨蛋。因此小文飽受孤立之苦，但也因為她個性文靜、不擅表達，所以不敢反抗同學的欺侮。

更過分的是，有些同學還威脅小文每個月必須上繳一百元作為保護費，否則將一直欺負她，小文因害怕自己持續被嘲弄，所以便去偷拿媽媽的錢。結果，媽媽得知小文在校受到同學們難堪的霸凌，感到難過又生氣，便將這件事告訴老師，並交由老師作後續處理。

雖然這些學生被學校記了大過，但卻沒有終結小文的霸凌生活。這些同學不僅在大庭廣眾下罵小文是「臭三八」、「白癡」，甚至變本加厲地欺負她。

「妳再去告密啊！妳這個報馬仔，給我小心一點！」其中一個同學推倒小文，還拿掃把往她身上戳，生氣地對她破口大罵。

小文跌坐在地上，身子微微發抖，不敢反抗。

「妳很敢嘛！不服氣直接說啊！妳去吃大便啦！」另一個同學拿著麥克筆在小文的制服上寫「臭三八」，還畫了「大便」等不堪入目的髒話和圖畫。其他同伴看了，紛紛哈哈大笑。

小文覺得非常難過，忍不住地流下眼淚。

「妳不是很敢去告密嗎？哭什麼哭啊！裝可憐！再哭我就打妳喔！」其中一個同學，拿著掃把高高舉起。

圍觀的同學更是起鬨說：「打下去！打下去！」

結果，這位同學真的將掃把用力往小文身上揮下去，痛得她悶哼一聲，哭得更加厲害，這時候，終於有些人看不下去，跑去通知老師。

老師阻止這些同學的欺凌，並將這件事告訴小文的媽媽，表示會把同學欺負小文的事也告知他們的家長。聽到小文的遭遇，媽媽不僅感到傷心憤怒，更覺得無能為力，而霸凌問題也就一直圍繞著小文到國中畢業……

多一份心眼，留意孩子的異狀

大多數的孩子面對校園霸凌時，會選擇緘口沉默，寧願自己概括承受，也不願向老師或父母求救，就像故事中的小文一樣，即便遭受欺負也不想與父母、老師討論解決的方法，認為消極的面對總有擺脫霸凌的一天。

而青少年不想尋求協助的主要原因是這個階段的孩子正逢自主性發展，他想證明自己是獨立的個體，認為向父母或老師求助顯得自己無能；再加上告狀更容易被同學排擠，所以他們大多會選擇沉默。故當父母或老師發現孩子沉默不語、經常哭泣、易怒、難專心，甚至拒絕上學時，很有可能他在學校遭受霸凌，急需家長的關心與協助。

孩子被霸凌的徵狀？

青春期是個敏感又不易說出內心話的時期，因此爸媽應更加留意孩子的異狀，理解並提供孩子抒發情緒與內心話的管道。一旦孩子有以下狀況，父母必須留心孩子可能被霸凌了！

□放學回家後，心情總是悶悶不樂，甚至經常窩在房間裡。
□情緒時常陰晴不定且容易激動。
□對自己感到自卑。
□跟同儕、朋友沒有往來跡象。
□在校成績不斷退步。
□出現排斥上課的情形。
□放學回家時，發現孩子衣物、書包常有毀損的狀況。
□突然出現逃學、翹課等狀況。
□經常出現掉錢情形。

假使當孩子遇到霸凌時，願意向你求助，請務必珍惜他對你的「信賴」，因為孩子第一次求助時，其父母的反應與處理，決定了他們日後遇到問題時，是否願意再告訴你。以下三種情況是處理孩子尋求協助時的NG回應，倘若父母無法理智面對或重視孩子的問題，將可能阻斷後續的親子溝通。

NG一：無法冷靜處理問題，只會暴跳如雷地找對方算帳，如此將可能導致孩子在同學間的處境更艱難。

NG二：沒有心疼孩子的處境，反而責怪孩子：「你之前怎麼都不說！」、「不是早就告訴你，要懂得表達你的不悅。」

NG三：家長忽視孩子的求助，不把孩子的抱怨當一回事，只簡單地說：「堅強一點」或「你要自己去面對」。

因此，正確的應對態度應是冷靜下來先聽孩子的說法，當家長跟孩子有共同的感受，並站在同一陣線，理解孩子的苦處，才能做其強力後盾。而當霸凌發生時，父母首先會尋求老師的幫忙，老師理應和父母積極配合，營造和諧的班級氣氛，加強輔導霸凌者、被霸凌者及旁觀者的正確觀念，才能有效預防校園霸凌。

輔導霸凌者，父母老師皆有責

雖然霸凌者欺負他人的手段與行徑不同，但其特徵卻有雷同之處，以下即列出共通點，讓師長可對此改善霸凌風氣，父母也能藉此過濾孩子結交的朋友。

1. 喜歡掌控別人。
2. 經常利用別人。
3. 極度渴望被注意。
4. 缺乏從他人的立場來考慮事情的能力。
5. 常以怪罪、批評或任意指控的手法，將自己的無能與挫折投射到別人身上。
6. 拒絕接受自己的行為責任。
7. 只在乎自己的慾望與愉悅，不在乎別人的需要與情感。
8. 當父母或監護者不在場時，會伺機傷害別人。
9. 習慣把較瘦弱的弟妹或同儕視為欺負對象。
10. 缺乏思考能力，無法預見自己的行為後果。

引導孩子，端正行為

由於很多霸凌者不知如何宣洩憤怒，故他們需要學習的是控制脾氣，而不是發洩在別人身上。無論老師或家長都應個別和學生討論情緒管理的方式，並於面對學生衝突時，讓施暴的學生意識到自己的錯誤行為。引導學生控管失控情緒，會比懲罰或記過更能導正孩子的行為，而師長和家長亦可透過以下方式引導之：

1 點出錯誤所在：多數霸凌者可能是不喜歡同學的某些特質而動怒，甚至出現暴力，此時除了告訴霸凌者不能用暴力解決之外，還應指出他的錯誤重點不是在「老師、父母會生氣」，而是錯在他的行為會傷害他人。

2 點出後果所在：孩子必須了解霸凌、傷害他人是違法的，有些孩子因為有趣與無知，犯了法卻不自覺，故應讓孩子知道警察單位是處理校園霸凌的「最後防線」，並明確告訴孩子法律知識及規則，使其三思而後行。

被霸凌的孩子，要勇於說「不」

父母和老師必須深入了解被霸凌者與同學之間的人際互動，找出關係不良的原因，協助雙方解決困難和心結；同時要教導每一位學生拒絕暴力、勇敢說「不」的表達技巧和堅決態度。其可透過以下訓練，讓孩子練習表達內在心聲：

1 表達時，態度堅定且不卑不亢：由於被霸凌者說話時，總是自卑且唯唯諾諾或低頭不語，如此將使對方得寸進尺，並更加肆無忌憚地欺侮他人，因此在與霸凌者說話時，口氣和態度都必須堅定、冷靜，讓霸凌者因此退卻。

2 面對霸凌，表情無畏無懼：由於霸凌者總是會挑看起來較弱、臭屁或愛告狀的人欺負，因此被霸凌者若能展現強悍有自信的神情，亦可有效澆滅霸凌者的氣燄，遏止霸凌行為。

3 面對霸凌，眼睛直視對方：面對即將而來的暴力，受欺負的一方因恐懼霸凌者，所以很難做到直視對方的表現，甚至可能需要父母與師長反覆陪孩子練習幾十次，才能稍微勇敢嘗試，因此大人的支持與陪伴是關鍵所在。

杜絕校園霸凌，師生有方法

由於每位孩子被霸凌的原因不盡相同，所以老師即便扮演了「裁決」角色，有時不但無法解決問題，還會讓孩子無法正視自己的缺失。

因此，最好的方式是陪他一起思考：「為什麼同學針對我？我要改變嗎？要怎麼改變？」以故事中的小文為例，她因為流口水、學業成績不佳而被取笑、欺負，假使老師在跟她聊過後，了解她其實很想轉變，便應一同與她想辦法解決，即使是微小的改變，也能讓孩子出現持續努力的力量。並且，在這個過程中，孩子還能進一步知道，自己被欺負，有些可能是自己的問題，有些則可能是霸凌者的問題。若能帶領孩子做一些改變，改善其不滿意的現況，才有機會強化信心，杜絕霸凌一再發生。

營造班級正向積極的環境

一旦發生了霸凌才處理，已是緩不濟急，故導師可於平時經營溫馨的班級氣氛，讓學生感受到班上所有人都應該被尊重，且應包容彼此的差異和缺點，欣賞各自的優點。而其具體方式簡列如下：

1. **鼓勵善意的行為與看到對方的優點：**建議在班上放一個「行善讚美箱」，請孩子每週寫下一次自己的善行或是看見的友善行為；也可以請學生互相寫出同學優點，但為了避免大家集中寫同一個人，老師可隨機指定，並確認學生寫下的句子都是良善無惡意，再拿給被稱讚的人。

2. **換位思考，角色扮演：**老師可事先編好劇情，設定幾個角色，如：受害人、加害人，受害者父母、導師等，然後將學生分組，每組派出代表，用抽籤的方式獲得該角色，各組互相討論角色的呈現方式，包含說話語氣和個性。透過演戲和角色互換，讓學生了解劇情中的角色處境，進而體會被害者的感受；但絕對不要讓學生扮演現實生活中的自己，以免失去互換立場的目的。

圍觀者也能伸出援手

看到校園霸凌時，多數圍觀者可能有兩種心情：一是擔心自己如果出言制止，會成為下一個被霸凌的人；二是他也討厭被霸凌的同學，所以霸凌者的行為剛好替他出了一口氣。

然而，老師和父母必須讓孩子知道，即便自己的孩子不是霸凌事件中的主角，卻依然是班上的重要一員，若是圍觀者們可以勇於出面反抗或制止，絕對能有效終止欺負行為。圍觀者不該表露事不關己的態度，反而要共同努力抵制欺侮行為，使班級有互助的凝聚力，而集結這股力量需仰賴全體學生的家長共同努力，灌輸圍觀孩子出手相助的價值觀。

此外，老師不妨提供孩子「可以保護自己的伸張正義」之方式。若霸凌現場寡不敵眾，他不必當下出面制止，但應私下趕緊通知老師。若擔心被視為告密者，可寫紙條或請人協助轉告，而老師必須保密並對學生的通報立即做出回應，否則這些通報就會停止，也因此失去學生的信任。

教養現場朵朵小語

霸凌已經不是特殊的校園暴力，每個班級都可能有霸凌及被霸凌的孩子。與其被迫處理後續的霸凌事件，不如事先預防霸凌。而其解決的根本之道，必須培養霸凌者的同理心，可利用如閱讀或是電影劇情，讓他了解被欺負的感受。

NOTE

國家圖書館出版品預行編目資料

叛逆反骨也不怕：淡定教養5招／王擎天 著
初版. -- 新北市：活泉書坊出版，采舍國際有限公司
發行, 2017.04 面；　公分 · --（品味教養 19）
ISBN 978-986-271-759-2（平裝）

1.親職教育　2.親子關係　3.青少年教育

528.2　　　106003731

叛逆反骨也不怕
淡定教養5招

活泉書坊

叛逆反骨也不怕：淡定教養5招

出版者■ 活泉書坊
編　　著■ 王擎天　　文字編輯■ 蕭珮芸
總編輯■ 歐綾纖　　美術設計■ 吳佩真

郵撥帳號■ 50017206 采舍國際有限公司（郵撥購買，請另付一成郵資）
台灣出版中心■ 新北市中和區中山路2段366巷10號10樓
電　　話■ (02) 2248-7896　　傳　　真■ (02) 2248-7758
物流中心■ 新北市中和區中山路2段366巷10號3樓
電　　話■ (02) 8245-8786　　傳　　真■ (02) 8245-8718
I S B N■ 978-986-271-759-2
出版日期■ 2017年4月

全球華文市場總代理／采舍國際
地　　址■ 新北市中和區中山路2段366巷10號3樓
電　　話■ (02) 8245-8786　　傳　　真■ (02) 8245-8718

新絲路網路書店
地　　址■ 新北市中和區中山路2段366巷10號10樓
網　　址■ www.silkbook.com
電　　話■ (02) 8245-9896　　傳　　真■ (02) 8245-8819

本書全程採減碳印製流程並使用優質中性紙（Acid & Alkali Free）通過綠色印刷認證，最符環保需求。

線上總代理■ 全球華文聯合出版平台
主題討論區■ http://www.silkbook.com/bookclub　●新絲路讀書會
紙本書平台■ http://www.silkbook.com　●新絲路網路書店
電子書下載■ http://www.book4u.com.tw　●電子書中心（Acrobat Reader）